RECHERCHES
SUR LE DÉVELOPPEMENT

Christian Comeliau

Recherches sur le développement

Leçons du passé et défis de l'avenir

L'Harmattan

5-7, rue de l'École-Polytechnique, 75005 Paris

www.harmattan.com
diffusion.harmattan@wanadoo.fr

ISBN : 978-2-343-09853-1
EAN : 9782343098531

Introduction

Redéfinir, une fois encore, le « développement » et « l'économie du développement » ? Est-ce vraiment bien utile ? Je ne crois guère aux débats terminologiques, mais je pense qu'ils masquent souvent des problèmes importants de la réalité : dans le cas présent, ce sont ceux de *la réflexion critique sur le processus de « progrès » des sociétés*. J'ai travaillé professionnellement sur ces questions durant plus de cinquante ans, et j'y travaille encore ; mon activité se rapproche inévitablement de son terme, et certains de mes amis m'incitent, au moins implicitement, à y renoncer avant de sombrer dans le bavardage sénile. Je ne m'y résous pas vraiment, et je voudrais expliquer pourquoi. J'y vois au moins trois raisons majeures.

La première est évidemment ce qui se passe dans notre monde aujourd'hui, en contradiction avec l'optimisme systématique et la prétendue rationalité dont les économistes du développement se sont crus naïvement les hérauts et les défenseurs, depuis des décennies. Certes, dans presque tous les pays de la planète, on continue à utiliser le terme de « développement », pris au sens le plus favorable qui puisse lui être donné, celui de « progrès », pour désigner et pour qualifier les évolutions majeures des sociétés et des économies durant la période récente. Cette qualification de « progrès » est sans doute discutable ; on peut cependant la comprendre si on se met à la place de ceux (individus, groupes sociaux, Etats nations, ou grandes régions) qui en ont été et qui en restent les principaux bénéficiaires. Mais ces évolutions ne semblent ni entièrement positives, ni même probablement durables. Elles s'accompagnent de drames catastrophiques pour une fraction importante de la population mondiale, en termes de non satisfaction des besoins essentiels et d'exploitation forcenée des groupes les plus faibles par les groupes les plus forts ; même chez les plus favorisés, elles sont marquées par une insatisfaction et une insécurité croissantes, et aussi par des menaces de plus en plus précises sur la viabilité de leurs succès à moyenne ou à longue échéance. Et malgré l'affirmation bruyante de leur confiance et de leurs certitudes, les économistes et ceux qui croient encore en leurs analyses se montrent de plus en plus incapables de justifier leur optimisme en matière de « développement » des sociétés. Notre monde - ou plutôt le système qui gère notre monde - va mal, il est de plus en plus inégal et injuste, de plus en plus prédateur, de moins en moins respectable, de plus en plus violent, de plus en plus inconscient ou aliéné vis-à-vis de ses perspectives de progrès.

Les deux autres raisons me sont davantage personnelles, mais il faut cependant que je les évoque rapidement. L'une provient de mon insatisfaction quant à ma propre insuffisance en tant qu'économiste de développement, ou plutôt de mes doutes quant à la pertinence de ce que j'ai dit, écrit et enseigné durant ma carrière. Je croyais cependant avoir privilégié une approche critique, à propos des changements sociaux que je pouvais observer, ou des politiques à l'élaboration desquelles j'avais été moi-même invité à collaborer. Mais aujourd'hui, je dois bien constater que ces critiques restent très en deçà de ce qu'elles auraient pu être, et qu'elles apparaissent aujourd'hui quelque peu dérisoires dans leur insuffisance, en regard des évènements que nous n'avions pas su prévoir, des difficultés que nous expérimentons déjà, et de celles peut-être encore plus graves qui s'annoncent. Des possibilités alternatives avaient été proposées, par certains courants de pensée auxquels j'avais cru pouvoir me rattacher : je constate maintenant qu'elles n'étaient certes pas sans objet ni même sans quelque pertinence, mais qu'elles sont restées bien abstraites et bien théoriques, faute d'avoir été traduites en choix concrets par les responsables politiques de tout niveau. Et aussi que les comportements de chacun d'entre nous - les miens comme ceux de la plupart des acteurs que j'ai pu rencontrer ou dont j'ai pu analyser les orientations - sont restés sans commune mesure avec les changements personnels, collectifs ou institutionnels qui auraient été requis, pour que notre monde ne soit pas ce qu'il est aujourd'hui, ou ce qu'il risque de devenir demain.

Enfin, au niveau d'une réflexion qui est peut-être celle de beaucoup d'entre nous à partir d'une longue période de travail, je ressens le besoin de synthétiser ce que j'ai cru et pensé, dans le domaine professionnel et ailleurs (mais cet « ailleurs » relève sans doute d'une autre histoire). Une synthèse qui n'aurait évidemment pas la prétention d'un quelconque testament intellectuel, mais qui serait d'abord un effort pour résumer l'essentiel de ce que j'ai essayé de penser, d'écrire et d'interpréter en différentes périodes, et à la suite de différentes expériences professionnelles. Le but d'un tel effort de synthèse serait d'abord d'identifier les changements, les progrès, les contradictions et les reculs éventuels, par rapport à ce que moi-même et les groupes de recherche auxquels j'ai participé avions été capables d'analyser. Mais cette synthèse pourrait aller plus loin et tenter une appréciation plus générale. Pour juger si, en définitive, toute cette réflexion en valait bien la peine, si cela fait sens aujourd'hui d'en laisser une trace à l'usage des générations qui me suivent : mes enfants et mes petits-enfants, certes, et aussi ceux qui ont cherché avec moi parce qu'ils ont été mes étudiants, mes collaborateurs ou mes amis, lors de telle ou telle étape de ma vie professionnelle ou sociale. A leur intention, je voudrais essayer une nouvelle fois de m'expliquer, aussi simplement et aussi clairement que possible, avec l'espoir sans doute un peu fou que tout ce que j'ai pu dire ou proposer, dans les domaines de réflexion qui ont été les miens, n'ait pas été un bavardage totalement inutile.

*

* *

Cependant, les raisons qui viennent d'être esquissées ne font que suggérer pourquoi je me suis lancé dans cette tentative de retour sur le passé ; elles ne définissent pas encore l'orientation et l'objectif de ce projet pour le présent et pour l'avenir. Or je ne veux retenir ici, dans mon travail de recherches passé, que les seules conclusions qui peuvent avoir un sens pour la solution des *problèmes de fond du développement en général* - par opposition à celles qui n'avaient d'autre intérêt que conjoncturel pour une période passée, ou spécifique pour un pays déterminé. Mais il faut surtout confronter ces conclusions, explicitement, pratiquement, à ce qui m'apparaît aujourd'hui comme les principaux problèmes de développement *actuels,* c'est-à-dire ceux qui concernent notre époque et l'avenir que nous essayons d'anticiper. D'où le souci d'établir une liste de quelques-uns de ces problèmes principaux : non pas, encore une fois, une liste prétendument exhaustive, mais *une série des questions pour lesquelles mes conclusions du passé, ou certaines d'entre elles, pourraient encore avoir un sens ou une utilité.* Je crois d'ailleurs pouvoir dire, dès à présent, ma conviction que cette liste comprend plusieurs des problèmes qui apparaissent à la plupart des observateurs comme cruciaux pour aujourd'hui et pour demain.

j'y insisterai souvent, *le caractère personnel de ces conclusions* : elles sont basées sur mes expériences, ainsi que sur certaines lectures que j'ai faites à l'époque de ces expériences pour en dégager certains enseignements ; elles n'ont évidemment aucune prétention à l'exhaustivité, et encore moins à une synthèse des visions globales du monde qui dominaient à cette époque.

Dans une seconde partie, je tenterai d'abord de rappeler les caractéristiques générales du processus de développement et d'en proposer une critique d'ensemble. J'essaierai ensuite de confronter les conclusions que j'ai dégagées dans le passé à certaines évolutions ultérieures qui expliquent le monde d'aujourd'hui, et aussi à celles que les observateurs croient pouvoir annoncer pour l'avenir. Je tenterai donc de dresser un tableau de quelques-uns des principaux obstacles actuels au progrès, pris à titre d'exemples, et de les confronter avec certains enseignements de l'économie traditionnelle du développement auxquels mes conclusions passées avaient déjà commencé à s'opposer, mais sans doute trop timidement. Le contraste entre ces enseignements traditionnels et la réalité actuelle est profond ; mes conclusions ne me semblent pas encore suffisantes, et elles devront sans doute être approfondies par la suite : c'est l'une des raisons de l'insatisfaction relative dont je parlais au départ.

Tout au long de cette réflexion, j'aborderai une nouvelle critique de ces conceptions traditionnelles de l'économie du développement, en en mettant en question certaines implications. Je ne reviendrai que brièvement sur les caractéristiques majeures du système économique dominant, auxquelles j'attache beaucoup d'importance, mais que j'ai souvent décrites ailleurs. Je voudrais insister notamment sur trois aspects de ce système : certaines composantes de la culture qui est sous-jacente à ces caractéristiques ; les principaux problèmes de gouvernance, notamment internationale, qui en découlent ; enfin les enjeux du progrès à la lumière de ces critiques, ainsi que quelques exigences de la recherche dans cette perspective.

Remerciements

Je remercie vivement Alexandrine Boyer, Davyctoire, Odile Frank et Sophia Mappa, qui ont accepté de lire et de commenter des versions préliminaires de cet ouvrage.

Je ne peux remercier nommément le grand nombre de collègues, de collaborateurs, d'étudiants et d'amis avec qui j'ai eu de multiples échanges, tout au long de mon parcours de chercheur : ils m'ont aidé à comprendre qu'une telle recherche ne pouvait être que le fruit d'un travail collectif.

C.C., 15 juillet 2016

PREMIERE PARTIE

ANALYSES ET CONCLUSIONS DE RECHERCHES DANS LE PASSE

Chapitre 1
Le Congo et l'Université de Kinshasa

Mon parcours professionnel fut assez diversifié, puisqu'il s'est déroulé à la fois dans le cadre universitaire de divers pays et dans celui de plusieurs administrations nationales ou internationales. J'ai terminé mon doctorat en droit en 1960, à l'Université de Louvain, et ma licence en sciences économiques en 1961 ; j'y ai ensuite travaillé un an à la Faculté d'Economie comme assistant d'enseignement. En octobre 1962, soit un peu plus de deux ans après l'accession à l'indépendance de la République Démocratique du Congo, je suis arrivé à Kinshasa comme assistant de recherche à l'Université, qui s'appelait alors Lovanium, dans le cadre de l'Institut de recherches économiques et sociales (IRES).

Recherche pour l'IRES en Uele (1963-1964)

Depuis 1960, l'IRES avait pris en charge une fonction de collecte de l'information socio-économique indispensable au démarrage du nouvel Etat congolais, puisque cette information n'avait pas pu être assurée suffisamment par la nouvelle administration nationale, dans les premières années, très troublées, de l'indépendance. L'équipe des économistes de l'Institut, notamment, tentait d'assurer le suivi de la conjoncture en matière de production agricole et industrielle, de commerce extérieur, d'emploi et de salaires, de finances publiques, de monnaie et de prix.

Mais il était vite apparu impossible d'analyser et de comprendre une évolution aussi rapide, complexe et chaotique, à partir d'une petite équipe établie sur un campus universitaire. Peu de temps après mon arrivée, la direction de l'Institut s'était proposé de profiter de la réorganisation provinciale pour envisager l'installation, dans une ou plusieurs des nouvelles provinces, de points d'observation qui viendraient enrichir le suivi de l'économie congolaise à partir de la seule capitale. C'est ainsi que je fus envoyé par l'IRES, à titre expérimental, dans la petite ville de Paulis (aujourd'hui Isiro), nouveau chef-lieu de la province de l'Uele qui venait d'être créée dans le nord-est du pays, dans une région de forêts et de savanes restée sous l'emprise d'une organisation essentiellement coutumière. J'avais pour mission d'y réaliser une enquête socio-économique urbaine en quelques semaines, et d'apprécier en même temps si les conditions permettaient la mise en œuvre prolongée d'études plus approfondies sur l'économie de la nouvelle province.

J'ai pu réaliser cette étude socio-urbaine, et j'ai ensuite multiplié les contacts et les visites dans les ministères et dans l'administration de la province, dans les chefferies traditionnelles, dans les entreprises et dans les plantations. J'ai compris très vite l'immense intérêt que pouvait présenter un séjour prolongé et une recherche approfondie dans un tel cadre ; je pensais pouvoir y rester éventuellement plusieurs années, en gardant évidemment un contact étroit avec l'Institut. Les « évènements » (comme on disait à l'époque) en ont décidé autrement : j'ai passé deux périodes de six mois en Uele, j'y ai lancé les bases de divers travaux, mais j'ai dû finalement interrompre brutalement ce programme, en raison de l'extension rapide et violente de la rébellion dite « muleliste », à partir de 1964, dans toute la partie orientale du Congo. J'ai dû rentrer précipitamment à Kinshasa en n'emportant que quelques cahiers de notes et en échappant, sans le savoir, à une situation de guerre qui a finalement duré des années et qui dure encore, avec des dizaines de milliers de victimes dès les premières années. Je n'ai jamais pu revenir en Uele, et j'ai dû abandonner tous mes projets de recherche sur ce terrain. Lorsque j'ai compris que cette situation était irrémédiable, je me suis décidé à écrire, à la demande de l'Institut, un petit ouvrage présentant les résultats préliminaires de mon travail sur cette province, avec la conscience que ces résultats resteraient définitivement préliminaires...[1]

Je n'en dirai pas plus ici sur l'histoire et les péripéties de cet « échec » apparent d'une tentative qui reste, pour moi, l'une des expériences les plus passionnantes et les plus riches de toute ma vie de chercheur. Mais je voudrais résumer rapidement, non pas les résultats empiriques préliminaires que j'ai retirés de cette année de travail (résultats aujourd'hui largement dépassés par les tragédies qui ont ravagé cette région, depuis le milieu des années 60 jusqu'aujourd'hui), mais plutôt les conclusions que j'en ai tirées quant aux exigences de la recherche sur un tel terrain et sur de tels problèmes de « développement », exigences qui ont changé mes perceptions initiales et qui m'influencent encore profondément aujourd'hui.

Je rappelle d'abord les intentions initiales de cette recherche, même si cette ambition de départ était très générale et si elle n'a finalement reçu qu'un très modeste début de réalisation. Dans un pays aussi vaste que le Congo-Kinshasa, aussi potentiellement riche (et donc objectif de multiples visées internationales), aussi troublé dès les premiers jours de son indépendance, dans une

---

[1] Christian COMELIAU, *Fonctions économiques et pouvoir politique, La province de l'Uele en 1963-1964*, IRES-Université Lovanium, Léopoldville, 1965, 150 pages.

province éloignée, dotée d'un certain potentiel agricole, mais dépourvue de richesses minières, et dans un système de relations sociales resté largement coutumier, où il restait à peine quelques centaines de colons étrangers, l'objectif de ma mission était de contribuer à une meilleure analyse des transformations en profondeur de la société et de l'économie. Non seulement en raison d'une modernisation encore timide, mais surtout à la suite de la disparition de l'administration coloniale, alors que celle-ci avait joué un rôle moteur omniprésent dans la gestion de la colonie. Théoriquement, la logique de cette gestion devait être profondément modifiée, puisque ses bénéficiaires étaient supposés être le peuple congolais plutôt que les acteurs de l'ancienne métropole ; mais qu'en était-il en pratique, alors qu'aucune procédure sérieuse de transition n'avait été prévue ?

Sans décrire les détails d'une enquête qui commençait à peine, je me borne à souligner trois exigences fondamentales qui me semblent avoir marqué, non seulement ce premier travail et la formulation de ses résultats préliminaires, mais aussi les perspectives de mes recherches ultérieures, au Congo et ailleurs :

(a) C'est d'abord le caractère très *expérimental* - et donc forcément modeste - de ce travail, que j'avais commencé en chercheur débutant, sans projet de recherche formel préétabli, dans un pays que je ne connaissais pas, et qui était alors profondément désorganisé par les circonstances de son accession récente à l'indépendance. Les statistiques disponibles étaient le plus souvent sommaires, sinon même inexistantes ; l'information préliminaire dont j'avais besoin ne pouvait donc provenir que de la multiplication de mes contacts informels avec l'ensemble des acteurs de cette société encore majoritairement traditionnelle, mais déjà parcourue de diverses lignes de fractures. Ce mode d'approche informel contrastait évidemment avec les préoccupations majoritaires de l'équipe d'économistes qui m'avait envoyé en Uele depuis Kinshasa, mais qui travaillait essentiellement sur les données macroéconomiques en voie d'établissement à Kinshasa (comptabilité nationale, balance des paiements extérieurs, comptes publics, statistiques monétaires, synthèses des bilans d'entreprises, indices de prix, etc.). Je ne me sentais pas en désaccord de principe avec les travaux de cette équipe, qui étaient centrés à ce moment, inévitablement, sur l'observation des évolutions conjoncturelles davantage que sur celle des caractéristiques structurelles des sociétés observées ; mais je ne pouvais m'empêcher de constater que cette approche formelle de la conjoncture ne donnait encore aucune image concrète et significative des transformations des relations sociales qui s'accéléraient dans le pays. Or c'étaient bien ces relations sociales, avec la *société* nouvelle qui s'ébauchait à partir d'elles, qui me semblaient désormais constituer l'objet prioritaire de l'analyse du Congo nouvellement indépendant.

(b)Cette prédominance nécessaire qu'il fallait attribuer aux nouveaux rapports sociaux m'apparut de manière encore plus nette lorsque, revenu à Kinshasa et convaincu de ne pouvoir poursuivre avant longtemps mon étude de l'Uele, je tentai de rédiger un texte sur les résultats préliminaires de mon enquête. Je reçus à cette époque un avis amical d'un collègue de l'IRES, Benoît Verhaegen, qui était de formation économique mais dirigeait le centre d'étude politiques de l'Institut. Ayant lu une première version de mes commentaires, il me fit comprendre que tout cela était certes intéressant, mais demeurait à la surface des choses, si je n'essayais pas davantage d'identifier systématiquement, à partir d'observations empiriques, quels étaient les *nouveaux groupes sociaux en présence* dans cette société en mutation, sur quelles bases ils se formaient, et surtout quels rapports de complémentarité, de concurrence, d'ignorance réciproque, de mimétisme ou d'exploitation ils entretenaient entre eux. D'où la complexité de la recherche de l'intérêt général, en Uele comme d'ailleurs dans beaucoup de sociétés, dans toutes les sociétés même, parce que les intérêts de ces groupes sociaux sont toujours diversifiés, parce que les conflits entre groupes sociaux sont inhérents à toutes les formes de relations sociales, et parce qu'ainsi il n'est jamais possible qu'une politique plaise à tout le monde à la fois. Le problème était, bien sûr, que les instruments habituels de l'analyse économique orthodoxe n'étaient que très partiellement pertinents, et parfois illusoires ou même trompeurs, pour comprendre ces dimensions diversifiées et conflictuelles de la société ; et une difficulté additionnelle vint du fait que, comme je l'ai dit, les circonstances m'interdirent définitivement de mener à son terme une telle enquête en Uele. Mon ouvrage sur cette région ne fournit donc qu'une approche très préliminaire de ces dimensions. Il n'empêche : j'avais été profondément convaincu de l'importance de cette exigence, si l'on voulait s'attacher à la compréhension des sociétés humaines (sans exclure leurs dimensions économiques, certes, mais en les dépassant), plutôt qu'à l'analyse des seuls agrégats macroéconomiques ; et j'ai tenté désormais de la rappeler dans la plupart de mes travaux ultérieurs, jusqu'aujourd'hui. Comme je l'expliquerai plus loin, la conscience aiguë de cette exigence n'a guère facilité, dans la suite, mes relations avec la corporation des économistes orthodoxes.

(c)L'interruption définitive de ma recherche en Uele est due, je l'ai dit, à l'explosion de violence qui a secoué le pays à partir de 1964, et qui rendait pour longtemps impossible toute enquête de terrain. Cette violence se dressait moins contre la persistance de la présence étrangère (dont les abus n'avaient certes pas été entièrement supprimés avec la disparition formelle de l'organisation coloniale) que contre la classe sociale qui avait été la principale bénéficiaire des avantages de l'indépendance, aux dépens de l'immense majorité de la population congolaise (bien qu'il ait été trop tôt, à cette époque et en ce lieu, pour parler d'une véritable « bourgeoisie nationale » en formation). Et ce sont bien les conflits d'intérêts entre groupes sociaux, dont on vient de parler, qui ont provoqué cette explosion de violence, de manière particulièrement rapide et brutale. Un demi-siècle plus tard, la même instabilité, et souvent la même situation de guerre, persistent dans cette province, qui avait été pourtant considérée, en 1963, comme l'une des plus prometteuses parmi les nouvelles provinces créées à ce moment. L'instabilité et la guerre ont entraîné une nouvelle misère dans cette région. Une région qui n'a jamais été très riche, bien sûr, qui était éloignée des grandes villes, des principaux gisements miniers et des débuts de l'industrialisation, mais qui pouvait se nourrir sans problème et développer peu à peu les services sociaux les plus importants. Aujourd'hui elle est non seulement instable, vulnérable et troublée, mais elle est oubliée de tous les programmes prioritaires quels qu'ils soient (dans la mesure où ceux-ci existent encore) ; en quelque sorte, le mode de vie de la majorité de la population y est revenu près d'un siècle en arrière. La région est donc marquée, en conséquence, par une prolifération nouvelle de la misère, en termes de non-satisfaction des besoins les plus essentiels : les gens ont faim parce que l'insécurité ne permet pas une activité agricole régulière ; la qualité des écoles laisse beaucoup à désirer ; sauf circonstances exceptionnelles, l'enfant qui souffre d'une appendicite dans un village éloigné n'a guère de chance de survie ; et ainsi de suite. Je ne peux détailler ici l'analyse de cette misère nouvelle, mais je voudrais seulement souligner la signification d'une telle évolution : elle montre que le progrès n'est jamais assuré de manière définitive, que le processus de développement peut s'inverser en son contraire et se transformer en une longue et tragique régression, dont les coûts sociaux réels ne sont finalement plus mesurés par personne, parce qu'aucun responsable ne s'y rend plus. Dans un tel pays, parler des *« oubliés du développement »,* ce n'est pas une formule de discours pour associations charitables : c'est une réalité sociale proliférante à moyen et long terme que plus personne ne peut ou ne veut prendre en charge..

Kinshasa 1965-1974 : planification et économie publique

En novembre 1965, le maréchal Mobutu a pris le pouvoir à la tête de la République du Congo, dont il a bientôt transformé le nom en République du Zaïre. Le nouveau chef de l'Etat, qui était à l'époque entouré d'une équipe où figuraient de nombreux universitaires - dont beaucoup provenaient de l'Université de Kinshasa - prit au départ une série de mesures qui pouvaient être considérées comme très souhaitables et très légitimes ; elles furent d'ailleurs approuvées par les partisans, assez nombreux (notamment dans le milieu étudiant), de son effort pour créer un nouveau nationalisme et une nouvelle fierté nationale dans le pays. La Présidence de la République demanda très vite la collaboration officielle de l'Institut de Recherches Economiques et Sociales de l'Université Lovanium (qui allait bientôt être nationalisée avec les autres institutions universitaires du pays pour constituer l'« Université Nationale du Zaïre »), en vue de l'aider à préparer diverses politiques de développement ; il était tout à fait naturel pour l'IRES, et d'ailleurs inévitable, d'accepter une telle collaboration.

Je ne peux évidemment aborder ici l'histoire du régime Mobutu, de ses politiques et de ses dérives de plus en plus négatives, jusqu'à son renversement en 1997. Je voudrais évoquer seulement l'un des projets politiques de Mobutu, parce que j'ai été personnellement associé pendant quelques temps à ses conséquences directes et indirectes dans les travaux de l'IRES qui en ont résulté : c'est la décision, au début de 1966, de la création d'un organisme de planification du développement auprès de la Présidence de la République. L'IRES s'était vu confier, dès cette décision, un ensemble de travaux préparatoires en vue de cette planification, et j'avais été personnellement chargé d'assurer la liaison entre le Bureau de la Présidence et l'Institut. L'expérience ne fut pas bien longue et aboutit à un échec quasi-total : deux études d'orientation, l'une pour la relance agricole, l'autre pour un plan de développement et de diversification industriel, ont été réalisées par l'IRES à l'intention de la Présidence en 1966 ; divers débats et divers travaux ont évoqué deux plans quinquennaux pour les périodes 1968-1972 et 1973-1977, mais ces deux plans n'ont jamais fait l'objet de la moindre élaboration, ni a fortiori, de la moindre exécution. L'institution chargée de la planification a d'ailleurs disparu complètement dans le courant de l'année 1967. Et la persistance formelle d'un Ministère du Plan dans la structure gouvernementale durant les années suivantes n'a guère permis aucun travail dans ce sens, sauf durant quelques très brèves périodes. Pour ma part, j'ai consacré mon travail de thèse de doctorat en économie (présenté à l'Université de Louvain en 1969) à une analyse de cette expérience de planification avortée et des raisons de son échec[2].

Je ne vais pas revenir sur l'histoire détaillée de cet échec. Mais si je l'évoque ici, c'est parce qu'elle a eu au moins une conséquence positive pour mon propre travail de recherche et pour celui de l'IRES, au-delà de l'analyse des causes immédiates de l'échec : ce fut le début, dans le cadre d'un séminaire ouvert aux chercheurs et aux étudiants, mais aussi plus largement à divers experts extérieurs et à divers responsables politico-administratifs, d'un travail collectif et systématique de réflexion sur les *exigences d'élaboration des politiques publiques* dans divers domaines, et sur les outils économiques qui permettraient d'éclairer davantage ces exigences. C'est sur ce travail que je voudrais insister ici, en abordant trois thèmes qui ont donné lieu à de multiples travaux pionniers dans le cadre universitaire : la critique nécessaire de l'approche planificatrice qui avait été esquissée ; les apports du « séminaire d'économie publique », qui a tenu des séances hebdomadaires durant chaque année académique de 1969 à 1974 ; et enfin le rôle joué par les étudiants de l'Université dans ce cadre.

---

[2] Christian COMELIAU, *Conditions de la planification du développement. L'exemple du Congo*, IRES, Université Lovanium de Kinshasa, Recherches Africaines VII, Mouton, Paris-la Haye, 1969, 370 pages. J'ai également résumé cette expérience congolaise et je l'ai comparée à d'autres planifications que j'avais pu observer, dans un ouvrage publié beaucoup plus tard à Louvain-la Neuve : Christian COMELIAU, *Planifier le développement : illusion ou réalité ?* Population et Développement, n°7, CIDEP, Bruylant Academia, Louvain-la-Neuve et l'Harmattan, Paris, 1998, 120 pages.

Planifier le développement ?

L'approche de la planification, en premier lieu. Des pays appartenant à des catégories très différentes y avaient recours à cette époque : pays de la zone d'influence soviétique, certes (à la suite des plans quinquennaux initiés en URSS à partir des années 30) ; en Europe occidentale, la France et quelques autres expériences de moindre importance ; et surtout de nombreux pays en développement, d'indépendance plus ou moins récente, en Asie, en Amérique latine, en Afrique. Il y avait des « ministères du plan » (ou des organismes analogues) un peu partout, les succès étaient peu nombreux, les méthodes étaient imprécises et déjà fortement critiquées de toutes parts ; mais beaucoup d'illusions persistaient.

Le Congo devenu Zaïre s'est lancé dans une telle expérience dès 1966. Les statistiques de base manquaient : on ne pouvait même pas estimer le taux de croissance global de l'économie dans les premières années de l'indépendance ; on se doutait que les transformations de structure de l'économie et de la société étaient importantes, mais on ne pouvait guère les mesurer. Il y avait un discours vigoureux, de la part de la Présidence, exprimant une volonté de « développement », et aussi d'émancipation (notamment par rapport aux séquelles persistantes de la période coloniale), et même de fierté nationale ; mais pratiquement aucune idée n'était précisée quant aux objectifs concrets qui pouvaient être mis en œuvre à court et moyen terme (sinon sous la forme d'une « relance », notamment agricole, qui visait essentiellement à mettre fin au désordre des premières années de l'indépendance et – paradoxalement – à revenir aux structures de production coloniales). Avec du recul, on peut en conclure qu'une telle situation ne faisait que renforcer l'exigence d'une réorganisation de l'économie, et donc d'une « planification » au moins sommaire, si l'on revenait à la signification première de ce terme. D'autant plus qu'en apparence, une forte volonté politique était solennellement affirmée au sommet de l'Etat, et diffusée dans des discours publics retentissants. Pourquoi donc un échec aussi rapide et aussi total ?

Je me borne ici à énumérer quelques raisons principales de cet échec, que j'ai abondamment étudiées ailleurs. Il me paraît important de distinguer les raisons (assez évidentes) liées à la situation du pays et celles (plus complexes) liées à la méthode.

Les raisons liées à la situation particulière du pays sont au moins de trois ordres :

- Celle d'un profond désordre institutionnel, politique et social dans un pays multi-ethnique qui n'avait jamais connu de véritable organisation étatique, sinon dans le cadre artificiel d'un système colonial qui n'a duré qu'un demi-siècle (soit moins que la période écoulée aujourd'hui depuis cette accession à l'indépendance), et au lendemain d'une accession à l'indépendance totalement improvisée en quelques mois.

- La deuxième raison est celle, contrastant avec la pauvreté bien vite aggravée de la population, de la richesse exceptionnelle de ce pays en matières premières. Les bénéfices de l'exploitation de cette richesse étaient très peu redistribués, en dehors d'une minorité attachée à ses privilèges ; mais surtout cette abondance en matières premières (dont certaines de grande valeur) explique la multiplicité des convoitises internationales qu'attirait le Congo. Ces convoitises étaient rendues d'autant plus avides que le pays était incapable de se défendre, et elles se sont manifestées jusqu'aujourd'hui par de multiples interférences d'acteurs étrangers : celles des interventions étatiques extérieures (ou tolérées par des Etats extérieurs, comme ce fut le cas avec de multiples opérations de mercenaires ou de militaires en révolte) ; celles des organisations internationales, incapables d'imaginer et d'imposer l'avènement d'une économie cohérente ; et de manière croissante, celles des grandes entreprises multinationales avides de profiter d'une anarchie presque totale.

- La troisième raison, liée aux deux précédentes, est celle d'une difficulté exceptionnellement profonde de la nation congolaise à organiser le partage des tâches, des avantages et des coûts de son activité économique et sociale. On pourrait même parler, plus généralement, d'une sorte d'incapacité à comprendre que les exigences du « vivre ensemble » imposent un minimum de consensus et de participation de chacun à l'œuvre collective ; mais justement, comme on va le voir, le contenu de cette œuvre collective n'était esquissé sérieusement par aucune autorité, sinon par une rhétorique assez creuse qui ne convainquait plus personne.

Les raisons de méthode sont plus complexes. Elles tiennent pour l'essentiel à cette absence de définition, et à l'absence de méthode d'élaboration, d'une œuvre collective à réaliser, dans une économie de capitalisme colonial axée sur le profit des acteurs étrangers ; et ceci même si l'on reconnaît la tradition de mise en œuvre, durant un demi-siècle de colonisation, d'une volonté paternaliste de réalisations « sociales », notamment dans le domaine de la santé et de l'éducation primaire, avec des résultats non négligeables. En toute hypothèse, l'œuvre collective à mettre en œuvre dans le cadre d'un développement national était d'une nature foncièrement différente : quelques-unes de ses orientations politiques étaient certes affirmées dans les discours présidentiels du nouveau régime, mais l'absence de résultat venait justement du fait qu'aucun lien systématique et précis n'était jamais établi entre ces grandes orientations et les exigences pratiques de leur mise en œuvre. Peu de réflexion sur les fondements de ces orientations, en outre : la théorie économique sous-jacente, dans la mesure où il y en avait une, restait celle de l'économie libérale traditionnelle, incapable de proposer une conception moins réductionniste que celle de la logique marchande, retraduite dans un contexte de bricolage généralisé où chacun tentait de tirer la couverture à soi.

Ainsi la mise en œuvre des grandes orientations politiques déclarées par les autorités nationales, qui auraient dû contraster, bien sûr, avec les tendances d'un système colonial de capitalisme extérieur, contrastait aussi avec celles d'une théorie économique dominante incapable de penser une « économie mixte », faite à la fois de logique marchande, de logique collective et de leur combinaison. Cette combinaison nouvelle aurait pu être la tâche essentielle de la planification proposée ; ce ne le fut jamais, et l'œuvre prétendument « collective » fut réduite à un partage à très court terme, entre étrangers et une minorité nationale prédatrice, des profits immédiats tirés de l'exploitation des ressources qui restait possible dans l'anarchie ambiante. Si l'on admet provisoirement ce type d'explication, sur laquelle je vais revenir, on voit bien que les perspectives d'un développement « nouveau », théoriquement ouvertes par l'indépendance, supposaient un changement de logique systémique très profond : cette logique devait rompre à la fois avec l'idéologie coloniale, avec les techniques quantitatives de planification traditionnelle que croyaient pouvoir imposer les économistes internationaux et les experts (qui ne comprenaient pas grand-chose à la complexité sociale et politique de la situation), mais aussi et surtout avec un partage rapide d'avantages à très court terme entre privilégiés. Les raisons d'échec, spécifiques au Congo, qui ont été évoquées plus haut se trouvaient ainsi renforcées par l'inadéquation des instruments économiques proposés. Il fallait inventer autre chose.

Une réflexion sur l'économie publique.

A l'époque, personne n'avait été capable de proposer des solutions satisfaisantes à ces difficultés de méthode, ni à l'Université ni ailleurs. Mais cinquante ans après, le problème n'est guère mieux résolu dans le monde, si l'on en juge par la prolifération des idées néo-libérales et la disparition presque totale des efforts de planification globale des politiques publiques, nationales ou internationales. A l'IRES, nous étions tout autant responsables que d'autres de cette incapacité, bien entendu ; mais au moins avions-nous une certaine conscience de la nécessité de poursuivre activement cette recherche de méthode, au-delà des échecs immédiats. D'où l'idée de renforcer la recherche sur ces problèmes dans le cadre de l'Institut.

Je l'ai dit, j'avais pour ma part consacré ma thèse à une réflexion sur ces questions de planification ; après la publication de cette thèse en 1969, Hugues Leclercq (directeur de l'IRES de 1962 à 1974, spécialiste reconnu de l'analyse des finances publiques) et moi-même, nous avions décidé de mettre nos efforts en commun pour poursuivre cette réflexion méthodologique. Ce fut la création d'un « séminaire d'économie publique » qui tint pendant cinq années académiques de nombreuses séances, avec l'appui de plusieurs assistants et de divers invités extérieurs, ainsi que de nombreux étudiants occupés à rédiger leurs mémoires de licence. Les thèmes récurrents en étaient : la préparation des budgets publics, mais plus largement les questions de base de l'élaboration des politiques publiques, et parfois de la planification du « développement » en général, ainsi que celles de stratégies spécifiques dans des domaines aussi divers que l'agriculture, l'éducation, la santé, ou l'aménagement urbain. Les travaux dépassèrent la simple analyse des faits : nous avions compris la nécessité de procéder à de réelles innovations méthodologiques. Nous avons ainsi tenté d'élaborer les premiers éléments d'une méthode de réflexion économique qui ne soit plus limitée à la seule logique marchande : les conclusions de cette recherche à la fois conceptuelle et empirique furent rédigées en 1974, mais elles ne furent publiées qu'en 1978 à l'Université de Louvain-la-Neuve[3]. Je ne peux donner ici qu'un très bref aperçu de l'approche théorique proposée.

Le constat de départ de cette recherche collective, qui s'est étendue sur plus de cinq années, était celui de la prédominance quasi-absolue, dans la théorie économique actuelle (ou au moins dans la théorie dominante) de la référence au modèle de l'économie de marché, et particulièrement au modèle de la concurrence pure et

---

[3] Christian COMELIAU et Hugues LECLERCQ, *Economie non marchande et développement*, Louvain-la-Neuve, 1978, 368 pages. Durant la période de préparation de cet ouvrage, j'ai eu personnellement l'occasion d'étudier sur place, assez longuement, diverses expériences de planification (à Paris, à Belgrade, à Tunis), mais surtout de passer un séjour de recherche de six mois, particulièrement fructueux, aux Etats-Unis, à l'invitation de la *Fletcher School of Law and Diplomacy*, Tufts University, Medford, Mass.

parfaite, en tant qu'instrument central de la rationalisation de l'ensemble des décisions économiques. Ce modèle central avait été amendé et corrigé par de nombreux théoriciens dans de multiples directions, certes : théories de la concurrence imparfaite, du monopole, de l'oligopole, et plus largement de ce qu'on a appelé les externalités (effets positifs ou négatifs ainsi dénommés parce qu'ils échappent au calcul des prix sur le marché) ; et finalement, de manière plus précise, émergence de la théorie des biens publics, ou encore de l'économie institutionnelle et de l'économie des conventions, et ainsi de suite. Il n'était certes pas question de mettre en doute la valeur et le caractère opérationnel de cet ensemble assez sophistiqué d'instruments. Mais il fallait bien constater le caractère quelque peu bancal d'une approche qui garde, pour améliorer le raisonnement économique de base, un rôle de référence absolument central au modèle de l'économie de marché pure, toutes les autres formes de relations économiques étant considérées comme des « exceptions » par rapport à ce modèle de référence et traitées comme telles. Le terme de « modèle » appliqué à cette référence prend alors un double sens : c'est à la fois une présentation cohérente des principes de fonctionnement du marché, et aussi une forme d'organisation idéale dont il faut sans cesse rapprocher la réalité dans la mesure du possible, mais sans que les calculs de rationalité à partir du système des prix s'appliquent toujours parfaitement. D'où les nombreuses accusations d'« irrationalité » dans certaines décisions collectives qui prétendaient s'appuyer sur de telles théories, notamment les décisions budgétaires de l'économie publique.

L'idée que nous proposions pour tenter de sortir de cette approche peu satisfaisante était celle de considérer la construction d'un second modèle de référence, complémentaire du premier, en le fondant sur les hypothèses exactement opposées à celles qui formaient la base de l'économie de marché : en particulier, le caractère indivisible - et donc non appropriable - des utilités et désutilités considérées, devenant ainsi collectives plutôt qu'individuelles ; d'où le caractère nécessairement collectif des décisions économiques les concernant, et aussi l'inadéquation de principe d'un système des prix créé par la rencontre d'un grand nombre d'offres et de demandes individuelles (comment donner un prix aux services de l'armée, par exemple, ou à l'usage de l'infrastructure urbaine ?). La question devient ainsi de savoir sur quelles bases le calcul économique reste possible dans de telles situations. Et la réponse exige alors de partir d'une définition rigoureuse de l'économie « en général », en affirmant que son raisonnement sert essentiellement à confronter des moyens rares et des objectifs concurrents, et à trouver la combinaison de moyens permettant de maximiser la satisfaction des décideurs dans la réalisation des objectifs prioritaires qu'ils se sont donnés. Cette exigence de l'économie « générale » s'applique donc à l'économie marchande, mais aussi à l'économie non marchande. Et lorsque le système des prix ne fournit plus la référence du calcul parce qu'il n'y a plus de marché, il faut se donner d'autres systèmes d'indicateurs, aussi précis que possible.

Je n'en dis pas plus ici parce qu'une telle approche - dont nous ne sommes évidemment pas les inventeurs, car elle s'appuie largement sur une multitude de travaux antérieurs beaucoup plus approfondis que les nôtres - soulève encore un très grand nombre de problèmes théoriques et pratiques qui sont loin d'être résolus. Il me semble cependant que cette idée d'ensemble permet une approche des décisions « hors marché », et particulièrement des décisions publiques, plus rigoureuse que celles qui se croient toujours obligées de ré-introduire une logique marchande dans toutes les décisions économiques, comme le font encore la plupart des approches néo-libérales actuelles. Et c'est précisément ce que nous avons commencé à faire - sur un mode très concret que l'on pourrait qualifier d'« artisanal » - dans le séminaire d'économie publique évoqué plus haut. Mais en dehors d'un public relativement restreint, je dois bien reconnaître que cette approche est restée largement incomprise, même si la théorie des biens publics a fait, elle, des progrès non négligeables.

Je reste convaincu aujourd'hui que cette méthode reste pour l'essentiel applicable[4]. Pour en résumer en quelques mots les principaux apports, je soulignerai en conclusion les points suivants :

- Elle restaure dès l'abord à l'analyse de l'économie, et plus généralement à celle de la société, une dimension qui n'aurait jamais dû être oubliée ; mais elle l'a été en fait, en raison de la prédominance idéologique de l'approche marchande et du réductionnisme considérable qui en résulte, parce cette approche est centrée sur les intérêts individuels (ceux-ci peuvent évidemment s'additionner

[4] Beaucoup de ces problèmes théoriques ou pratiques sont exposés assez longuement dans l'ouvrage COMELIAU-LECLERCQ évoqué à la note précédente, mais avec des exemples pris dans l'économie zaïroise des années 60 et 70, qui sont aujourd'hui largement périmés. J'ai résumé rapidement, dans un ouvrage récent, ce que je crois être les apports essentiels de cette « théorie de l'économie non marchande » : ainsi, la synthèse à la fois la plus brève (moins de 40 pages), la plus complète, et donc la plus facilement accessible, de cette proposition théorique d'un « modèle d'économie non marchande » figure dans le chapitre 5 de : Christian COMELIAU, *Ambiguïtés des politiques publiques*, Ed. Privat, Toulouse, 2014, 256 pages.

dans les agrégats de la comptabilité nationale, mais sans constituer un ensemble d'intérêts de nature nouvelle). Cette dimension, c'est la *dimension collective de l'économie*, caractérisée notamment par l'indivisibilité des intérêts concernés, par leur caractère non appropriable, et par la situation de *solidarité* qui en résulte entre les membres de la collectivité concernée, en contraste avec la situation généralisée de *rivalité* décrite par la théorie du marché[5].

- Les indivisibilités, utilités non appropriables et situations objectives de solidarité qui caractérisent l'économie non marchande, peuvent être imposées par la *nature* collective des utilités concernées (par exemple la réduction de la dépendance excessive par rapport aux importations, ou celle des inégalités de revenus, ou la construction d'un chemin de fer) ; mais elle peut aussi résulter d'une *décision* collective affirmant le caractère public d'une ressource ou d'une utilité qui pourrait se prêter à un raisonnement d'acteur privé en économie de marché (par exemple un gisement minier, un secret de fabrication, ou même le droit à la nationalité), en raison de l'importance qu'elle revêt pour l'ensemble de la collectivité.

- De manière générale, la prise en considération de cette dimension ouvre la voie à *une méthode de rationalisation* des décisions économiques moins dépendante d'une idéologie dominante ; mais l'ouverture d'une telle voie suppose à la fois un profond changement de regard sur la société et une réflexion théorique novatrice considérable. Elle permet en tous cas une

---

[5] Solidarité fondée dans ce cas sur des raisons de fait purement *objectives*, sans qu'il soit nécessaire de leur trouver une quelconque justification *morale*.

approche plus réaliste des exigences proprement collectives de la vie en société (celle que l'on appelle aujourd'hui les exigences du « vivre ensemble »), et donc d'une recherche moins biaisée de « l'intérêt général » dans le développement ou le progrès d'une collectivité, intérêt général qui ne serait plus considéré comme une simple somme d'intérêts particuliers arbitrés par la répartition du pouvoir d'achat.

• Dans cette perspective, l'approche proposée permet aussi de *distinguer plus clairement le domaine de l'économie de celui du politique*, tout en affirmant l'importance de ces deux dimensions. Mais elle affirme aussi la nécessaire subordination de l'économie à la politique et, plus largement, à la société ; elle suggère ainsi une distinction de principe essentielle (même si elle peut soulever encore de nombreuses difficultés pratiques) entre les choix politiques, qui concernent les finalités poursuivies, et les choix techniques et économiques, qui concernent la combinaison des moyens pour atteindre ces finalités. En même temps, cette approche éclaire un problème encore beaucoup plus fondamental sur lequel je reviendrai plus loin, à savoir la nature du progrès et le contenu du développement. Il faut souligner aussi que la décision précisant la frontière, dans une société déterminée, entre le marchand et le non marchand, et plus spécialement entre le public et le privé - par exemple : tel enseignement doit-il relever du public ou du privé ? - est elle-même une décision de nature politique.

• Cette approche insiste enfin sur les *exigences proprement économiques de l'organisation des décisions publiques*, décisions qui ne sont nullement condamnées à l'arbitraire comme les partisans inconditionnels du marché ont souvent essayé de le faire croire ; elle montre donc que cette économie publique est susceptible de rigueur, à condition de respecter les exigences de la rationalité économique générale, par opposition aux seules exigences de la rationalité marchande. Parmi ces décisions publiques, il faut citer notamment : (a) la constitution d'un pouvoir central ayant le droit de décider au nom de la collectivité ; (b) la construction explicite des préférences et des priorités de la collectivité ; (c) la nécessité du calcul économique en vue d'assurer l'efficacité de l'allocation des ressources (mais le plus souvent, ce calcul ne peut pas compter sur le système des prix du marché et demande la mise au point d'indicateurs appropriés, d'où un problème difficile de comparabilité des décisions entre elles) ; (d) une exigence de solvabilité, parce que - sauf à sortir du domaine de la rareté, qui rend nécessaire le raisonnement de l'économie - ces décisions d'économie publique ne sont pas « gratuites » et elles ont toujours un coût de réalisation, même si elles ne mobilisent pas les ressources nécessaires en faisant appel à des paiements individuels sur le marché ; mais l'exigence de solvabilité est alors transférée des individus à la collectivité elle-même ; (e) les considérations de prédominance absolue des aspects financiers et de supériorité systématique des agents privés sur les agents publics sont ainsi balayées de l'économie générale, qui se réfère désormais à deux modèles plus complémentaires que concurrents.

L'apport des étudiants dans ces recherches.

Reste un point que je voudrais souligner à partir de mon expérience africaine, c'est celui du rôle potentiel et effectif des étudiants dans la réflexion sur le développement, moyennant certaines conditions. Ce que je vais dire ici s'applique d'ailleurs, pour l'essentiel, à la plupart des publics étudiants que j'ai connus successivement, en Afrique, en France, en Belgique, en Suisse, ou ailleurs ; j'y reviendrai à nouveau un peu plus loin.

Les générations successives d'étudiants de l'université de Kinshasa ont particulièrement souffert, bien sûr, des désordres incessants qui ont marqué leur pays depuis son accession à l'indépendance jusqu'aujourd'hui. Notamment en raison de l'effondrement d'une grande partie du réseau scolaire secondaire, dont les conséquences négatives en termes de formation se ressentaient profondément à l'Université. Par ailleurs, ces générations successives n'étaient évidemment pas homogènes, en ce sens qu'elles comportaient, comme n'importe quel public étudiant dans le monde, une proportion variable d'étudiants faibles, de médiocres, de bons et de très doués... Face à cette complexité, je voudrais limiter mon commentaire sur mon expérience à ce propos à trois brèves remarques.

La première consiste à souligner - chez les meilleurs étudiants surtout, mais aussi chez beaucoup d'autres - *le désir intense de savoir et de comprendre*, l'ouverture d'esprit et la créativité. Je tiens à le dire parce que j'ai entendu bien des commentaires négatifs, de la part de certains de mes collègues notamment, qui se plaignaient du contraire et qui prétendaient ne pas pouvoir mettre en œuvre, en Afrique, une relation d'enseignement de qualité satisfaisante. Ce n'est pas du tout mon expérience.

La deuxième remarque est étroitement liée à la première : c'est qu'une relation d'enseignement créative positive pour toutes les parties en présence - particulièrement dans les sciences sociales - exige une série de *conditions de méthode* qui sont fréquemment oubliées. Je ne parle pas seulement des exigences évidentes de compétence technique et de clarté pédagogique de la part des enseignants : je pense surtout à la conscience des finalités de l'enseignement. L'enseignement en économie, notamment, peut comporter des éléments hautement théoriques et même abstraits ; mais il me semble indispensable que la conception de cet enseignement vise, in fine, à la compréhension de la réalité sociale et à la capacité d'agir sur elle, plutôt qu'à l'accumulation d'un savoir abstrait sans aucune portée sociale (comme l'est par exemple la compétence « gratuite » d'un joueur de bridge ou d'échecs). Et cette exigence me semble alors dépendante d'une autre qualité de la relation d'enseignement, qui est celle de l'écoute réciproque et de l'ouverture aux opinions et aux questions de l'autre. L'attitude opposée à une telle écoute est malheureusement fréquente : c'est celle qui consiste, de la part de l'enseignant, à imposer un savoir tout fait, « pré-digéré », indiscutable, et donc à exiger de l'étudiant à l'examen une simple répétition mécanique des « vérités » proférées tout au long de l'année par l'enseignant. Je crois au contraire - et je pense que ce fut mon cas - qu'un enseignant peut apprendre beaucoup d'une attitude de dialogue et de réflexion en commun avec ses étudiants, allant jusqu'à la prohibition à l'examen de cette répétition littérale du « savoir » enseigné.

La troisième remarque est alors la liaison qui peut être établie entre une telle habitude de réflexion en commun et l'exigence de participation et de *démocratie*, dont j'ai souligné la nécessité mais aussi l'absence presque totale dans l'expérience congolaise des politiques publiques, et plus généralement dans la pratique technocratique des politiques publiques dans la plupart des Etats et des organisations internationales du monde d'aujourd'hui. Je ne veux pas être simpliste : il faut bien avouer que la modeste tentative de notre équipe pour une réflexion critique et créative sur l'économie publique à Kinshasa peut être considérée comme un échec quasi-total dans le court terme, puisqu'elle est demeurée désespérément impuissante face aux dérives de l'Etat congolais et de ses principaux dirigeants. Je continue cependant à penser que cette tentative allait dans la bonne direction, dans une perspective de longue échéance[6].

[6] C'est encore Benoît VERHAEGEN, déjà cité au début de ce chapitre, qui me rappela un jour, alors que j'exprimais devant lui un certain découragement quant au succès de notre travail au Congo, que les idées de la Révolution française n'avaient finalement triomphé publiquement qu'après un siècle de réflexion collective - celui, justement, des « Lumières » -, et qu'il fallait donc s'armer de patience plutôt que d'un souci d'efficacité immédiate.

Chapitre 2
Banque Mondiale, OCDE, Commissariat du Plan

La Banque Mondiale (1974-1976)

Comment parler brièvement mais significativement d'une institution aussi écrasante ?

Je suis arrivé au siège de la Banque à Washington D.C. en octobre 1974, un peu par hasard, en raison de l'échec imprévu d'un autre projet personnel. Au départ, je fus évidemment attiré par la perspective d'une découverte directe, personnelle, d'une organisation dont je ne connaissais qu'en théorie le rôle de pouvoir dans l'économie mondiale. Nommé à un poste de « country economist » (par opposition à la majorité des économistes et autres experts et techniciens employés par la Banque, qui sont voués essentiellement à l'étude des projets spécifiques demandeurs de financement), je trouvai aussi très intéressantes les missions d'analyse générale de l'économie de divers pays, et les contacts qu'elles permettaient avec les principaux acteurs économiques (pour moi ce fut surtout, durant ce contrat à la Banque d'un peu plus de deux ans, la Turquie et le Maroc). Mais je ressentis bientôt un malaise croissant – ce fut la seule période de ma vie professionnelle où je fus dominé par une telle impression – dans une fonction qui me demandait, tous les jours, une orientation de pensée et d'action qui me semblait totalement opposée à mes convictions personnelles les plus profondes. Je compris très vite que la seule solution était pour moi était de chercher autre chose, et je démissionnai de la Banque après vingt-sept mois de travail. Mais cette attitude demande à être expliquée.

La critique des fonctions, des qualités et des défauts d'une institution aussi puissante demanderait certes une analyse plus approfondie que celle que je peux esquisser ici[7]. Je ne veux d'ailleurs me ranger ni parmi les partisans enthousiastes, ni parmi les ennemis obstinés, ni parmi les profiteurs sans scrupules de cette organisation. Et ceci d'autant plus que la complexité de ces fonctions et du contexte mondial dans lequel elles s'insèrent est considérable, puisque cette organisation constitue en fait l'un des hauts lieux de la gouvernance du système mondial, dans la mesure où celle-ci existe : l'analyse critique devrait inclure et combiner de très nombreux éléments, qui sont à la fois d'ordre technique et économique, mais aussi de nature politique et idéologique. Je vais donc me limiter essentiellement à ce qui concerne cette gouvernance du système économique mondial, en distinguant deux catégories de raisons, l'une au niveau des principes et de la théorie, l'autre sur un plan plus concret, pour lesquelles la Banque mondiale constitue bien l'un des rouages les plus significatifs de cette gouvernance.

Sur le plan des principes et de la théorie, je voudrais souligner que, au-delà de inévitables changements conjoncturels (liés à la situation économique et politique mondiale, mais aussi à la personnalité des dirigeants successifs), les conceptions et politiques de base de la Banque mondiale sont depuis le départ, et sont restées, fidèles à ce que la plupart des analystes considèrent comme les fondements même du système économique

---

[7] J'en ai abordé certains aspects dans diverses publications. Notamment : « La Banque mondiale en question », dans *Ingérence économique. La mécanique de la soumission*, (sous la direction de Christian COMELIAU), numéro 2 des *Nouveaux Cahiers de l'IUED*, Genève, octobre 1994, pages 131-139.

mondial dominant. Je cite en particulier, sans chercher à être exhaustif :

- une reconnaissance de la suprématie nécessaire, et aussi complète que possible dans l'analyse de l'économie mondiale et de chacune des économies nationales qui la composent, de la *logique marchande* (déjà exposée dans la section précédente) et de ses piliers principaux que sont la généralisation de l'échange en concurrence (y compris au niveau international), de la demande solvable et de la maximisation du profit, et par là du productivisme, de l'accumulation, et de la maximisation de la croissance (mesurée par le Produit Intérieur Brut qui est essentiellement, au-delà de quelques corrections marginales, une somme des utilités marchandes échangées) ;

- l'idée selon laquelle, dans cette perspective marchande, *l'intérêt général* (et donc la finalité même du développement) n'est autre que la somme des intérêts des agents particuliers (individus ou entreprises) arbitrés par les règles du marché ; le développement de l'ensemble de la collectivité sera atteint progressivement par un processus généralisé de « trickle down » (littéralement de « ruissellement »), mais cette finalité de l'intérêt général n'a besoin d'être poursuivie par personne ;

- si l'on admet ces fondements, il faut donc considérer que la logique marchande est la seule base acceptable d'un modèle de développement rationnel : *ce modèle est unique* dans ses principes, il est donc indiscutable et il doit être généralisé progressivement à l'ensemble de l'économie mondiale.

Au niveau de la mise en œuvre et de la *traduction concrète de ces principes* dans les pratiques de la Banque, on peut constater notamment :

- que les *statuts* officiels de la Banque adoptés en 1944 définissent deux règles de base intangibles pour les stratégies de développement dans toutes les économies nationales, à savoir la maximisation des échanges internationaux et le rôle prédominant de l'investissement privé ;

- que la prédominance absolue qui est ainsi reconnue, sur le plan des principes, aux dimensions économiques du développement, se traduit par un *« économisme »* généralisé dans toutes les orientations des stratégies de développement ; cet économisme est imposé de manière indiscutable, donc de manière impérative et arrogante, notamment dans les « recommandations » que la Banque adresse à ses clients emprunteurs ; il se traduit en particulier dans l'obsession des taux de croissance du PIB, qui reste considéré, contre vents et marées (et malgré diverses propositions annexes formulées par la Banque elle-même), comme le critère central du développement ; il explique aussi la croyance implicite dans la pratique de la Banque – mais qui n'est certes pas formulée comme telle – selon laquelle le développement est un processus qui dépend pour l'essentiel des flux de capitaux qui le nourrissent ;

- la Banque exclut donc par définition, toute vision « sociétale » du développement, ou plutôt elle n'accepte une telle vision que dans la mesure où cette vision accorde une priorité indiscutable aux exigences de la logique économique marchande ; dans la même ligne, elle ne peut reconnaître de véritable priorité à la satisfaction des

« besoins essentiels », puisque le moteur le plus important de l'activité économique est celui de la maximisation du profit (même si la Banque recommande avec insistance ces besoins essentiels dans son discours, comme elle l'a fait en particulier sous la direction de Robert McNamara, dans les années 70 ; mais celui-ci fut bien vite désavoué en pratique par ses successeurs, dès le lendemain de son départ).

On objectera peut-être que la Banque a changé son style et certains de ses comportements pratiques dans les années récentes. Je ne crois pas, pour ma part, que les règles de la logique fondamentale qui a inspiré sa création et leurs traductions principales aient été réellement modifiées. Mais la nécessité de la rigueur dans la critique vient bien de ce débat. Car je ne voudrais pas être accusé de simplisme, et encore moins d'angélisme, dans cette brève critique de l'activité de la Banque, non seulement dans la période récente, mais en perspective historique. J'admets évidemment que des institutions mondiales du type créé à Bretton Woods (Banque Mondiale et Fonds Monétaire International) étaient une réponse nécessaire aux nouveaux problèmes de l'économie mondiale ; mais je ne peux pas en discuter ici de manière détaillée la structure, les fonctions d'ensemble et les modalités d'intervention. Je ne nie d'ailleurs pas non plus les bénéfices réels que certaines opérations de la Banque aient pu apporter à certains pays, notamment en termes de réduction de la pauvreté ou d'équipements collectifs. Mais je veux relier les débats et l'analyse des opérations auxquels j'ai pu assister depuis l'intérieur de la Banque, et aussi les nombreuses lectures de documents officiels de cette institution que j'ai pu faire à cette époque et depuis lors, avec le véritable sujet sur lequel il faut raisonner, à savoir les exigences du processus de développement telles que j'ai proposé de les considérer ci-dessus.

Ce que je remets en cause, par conséquent, c'est bien *la logique d'ensemble de ces interventions* et la *nature du développement qu'elles poursuivent.* La logique d'ensemble, parce que c'est une version assez intransigeante de la logique du marché : c'est en un sens inévitable, justement parce que la Banque est par nature l'un des lieux principaux de la gouvernance du système mondial existant, et qu'elle défend ainsi ce que l'on a longtemps appelé la « pensée unique » en matière d'économie. La nature du développement qu'elle poursuit, parce que ce développement s'insère aussi dans le domaine de cette pensée unique, parce qu'il nie le caractère politique des choix de chacune des collectivités en ce qui concerne les objectifs spécifiques qu'elles auraient le droit de poursuivre, et parce que la Banque impose ainsi, en définitive, un « modèle de développement » unique dans lequel les collectivités concernées n'ont plus qu'un rôle d'exécutant plus ou moins discipliné.

Je caricature ? Je ne le pense pas, même si la présentation de mon argument est volontairement simplifiée. J'ai assisté à trop de déclarations autoritaires au sein de la Banque pour pouvoir oublier cette négligence quasi-radicale d'un développement conçu, ainsi que je j'ai proposé plus haut, comme la réalisation progressive d'une forme de société à laquelle aspire la collectivité concernée. Dans l'approche que je défends, ce n'est pas de l'angélisme que d'affirmer la primauté des choix du politique sur les choix du technocrate. Mais l'approche de la Banque s'écarte radicalement de cette primauté.

L'OCDE (projet Interfuturs et Centre de Développement) (1977-1981)

J'ai travaillé quatre ans et demi au sein de l'Organisation de Coopération et de Développement Economique à Paris. Les deux premières années dans un groupe provisoire (« Interfuturs ») formé par dix-neuf pays membres de l'Organisation, sur base d'une initiative du gouvernement japonais ; le groupe avait pour mission d'étudier les perspectives de développement à long terme des pays industrialisés, en relation avec celles des pays en développement ; cela au milieu des années 70, c'est-à-dire au lendemain du premier choc pétrolier et des débats internationaux autour d'un « Nouvel Ordre Economique International ». Les deux années suivantes, je les ai passées au Centre de Développement de l'OCDE, pour poursuivre un travail analogue à celui dont j'avais été chargé au sein d'« Interfuturs », à savoir l'étude des perspectives de développement dans les grandes régions du Tiers Monde. J'ai pu à cette occasion développer un réseau d'échanges assez dense, de très haut niveau intellectuel, et organiser divers séminaires de discussion avec des représentants très qualifiés de ces régions en développement : Amérique Latine, Afrique sub-saharienne, Moyen-Orient et monde arabe, Asie du Sud, Asie du Sud-Est. Le rapport de synthèse final d'« Interfuturs » a été publié en 1979[8] ; mais contre toute attente, l'OCDE n'a pas cru devoir prolonger le groupe pour un nouveau mandat de trois ans, ce qui est certainement très regrettable.

---

[8] INTERFUTURS, *Face aux futurs. Pour une maîtrise du vraisemblable et une gestion de l'imprévisible*, OCDE, Paris, 1979, 450 pages.

Il ne m'appartient pas de porter un jugement d'ensemble « autorisé » sur ce rapport de synthèse, résultat du travail collectif d'une équipe de dix-sept personnes, renforcée par une quarantaine de consultants internationaux. D'autant plus que je n'ai moi-même travaillé, pour l'essentiel, que sur la partie concernant les perspectives nationales dans le monde en développement. Je me limite donc à quelques remarques, qui concernent d'abord la perspective d'ensemble esquissée, ensuite le monde en développement lui-même.

Sur la partie générale, je crois d'abord qu'il est superflu de souligner la qualité technique du travail global, et en particulier celle des méthodes d'analyse prospective utilisées, mises en œuvre par certains des meilleurs « prospectivistes » du moment. L'OCDE est ce qu'elle est : une représentation des pays capitalistes les plus développés (« advanced industrial countries », comme on disait à ce moment) ; une organisation sans doute plus orientée vers l'analyse de la conjoncture que vers celle des questions structurelles dans la longue durée ; mais elle était aussi à cette époque plus étroitement conservatrice économiquement et politiquement qu'elle ne l'est aujourd'hui. Dans ce cadre, une initiative comme celle d'« Interfuturs » méritait d'être soulignée comme un signe d'ouverture remarquable, en particulier parce qu'elle prêtait largement l'oreille à certains courants intellectuels novateurs (sur la technologie, par exemple), et surtout à l'égard de ce qui se passait en dehors des pays industriels avancés. Le rapport final, rédigé pour l'essentiel par le directeur du projet, Jacques Lesourne (économiste, professeur au CNAM à Paris) était solidement construit et très ambitieux dans la largeur des conclusions qu'il proposait ; et la méthode générale adoptée était considérée, assez unanimement, comme l'une des meilleures disponibles à ce moment pour ce genre d'exercice.

Je souligne sans hypocrisie ces qualités qui, je crois, ne sont d'ailleurs mises en cause par personne, parce qu'elles mettent en relief, justement, *la faiblesse relative de la réflexion qu'une équipe de chercheurs, même compétente dans ces domaines, peut mener face aux futurs* (à l'époque, et sans doute encore aujourd'hui). Sans aborder ici une critique détaillée des conclusions présentées, et en rappelant que l'exercice ne prétendait certes pas deviner l'avenir le plus probable du monde dans le marc de café, je voudrais tout de même faire remarquer que, relu en 2016, on s'étonne que ce rapport ne dise rien ou presque rien de beaucoup d'évolutions et évènements parmi les plus importants qui ont marqué notre monde dans les trois ou quatre dernières décennies. Je cite pêle-mêle, sans entrer dans le détail et sans prétendre à l'exhaustivité : l'implosion de l'URSS et l'éclatement de son empire ; la quasi-inexistence actuelle de l'Union Européenne en tant qu'acteur politique ; le prestige croissant de l'idéologie néo-libérale ; la montée de l'endettement, de l'ajustement structurel et des politiques d'austérité ; la financiarisation croissante de l'économie mondiale ; la différenciation accélérée du monde en développement, mais aussi son instabilité ; l'anarchie et la montée de la misère la plus grave dans une grande partie de l'Afrique sub-saharienne ; l'éclatement de divers pays du Moyen-Orient ; la montée du phénomène religieux ; l'accélération de la mondialisation, suivie d'un déclin relatif mais peut-être provisoire ; la prolifération inattendue du terrorisme international ; et ainsi de suite… Peut-être la plus grande faiblesse à cet égard n'est-elle pas l'incapacité à annoncer chacune de ces évolutions – cette incapacité était sans doute inévitable – mais plutôt celle de déceler et d'analyser les *logiques d'évolution* sous-jacentes, avec leurs dimensions d'inégalité de richesse et de pouvoir, mais aussi le retour en force de facteurs culturels, sociaux ou écologiques qui avaient été totalement occultés par la prédominance de l'économique. Je parle une fois encore de « logique », au sens d'un lien entre divers évènements apparemment autonomes ; mais je ne crois pas que le terme soit excessivement abstrait. Avons-nous davantage à dire aujourd'hui ? Serions-nous capables de faire mieux ? En toute sincérité, je n'en suis pas sûr.

Sur l'évolution du Tiers Monde, je rappelle d'abord l'attitude d'ouverture qui était celle du projet « Interfuturs » et du Centre de Développement dans son ensemble, et aussi la qualité des experts africains, asiatiques, latino-américains ou européens, de différentes couleurs politiques, auxquels j'ai pu moi-même avoir librement recours dans une succession de séminaires, et qui ont pu s'exprimer tout aussi librement. Leurs interventions ont permis de distinguer divers courants de pensée qui allaient conditionner la différenciation croissante du Tiers Monde, même si les appellations et les contenus de ces différents courants se sont encore modifiés par la suite. Exemples parmi beaucoup d'autres : qui parle encore de développement « endogène » ou « autocentré », dans les années d'accélération de la mondialisation qui ont suivi, et aujourd'hui ? Qui osait mettre en cause à cette époque le terme même de « développement », et a fortiori celui de « croissance », comme on l'a fait à la fin du siècle, mais sans modifier la place absolument centrale qui était reconnue à la croissance économique dans les perspectives de développement ? Et malgré les critiques explicites de l'aide publique au développement qui avaient été avancées par les experts des pays « receveurs », il faut bien dire que la conception fondamentale des rapports Nord-Sud qui avait prévalu depuis les années cinquante jusqu'au début des années soixante-dix - celle qui considérait que les perspectives de développement du Sud étaient essentiellement dépendantes des flux financiers en provenance du Nord, et particulièrement les flux qui étaient classés avec bonne conscience sous l'appellation d'« aide » - cette conception fondamentale restait prédominante dans la philosophie du rapport [9]. Mais l'appellation « Nord-Sud » est de moins en moins adaptée au monde actuel : il faut donc se méfier de l'usage de concepts anciens pour analyser des situations en voie de disparition.

Le monde et les rapports internationaux ont certes bien changé depuis lors ; mais il est difficile de soutenir que le rapport « Interfuturs » constitue un guide suffisant pour comprendre ces changements....

Le Commissariat Général du Plan à Paris (1981-1991) et l'idée de planification du développement en Europe

Je connaissais de réputation, bien sûr, le Commissariat du Plan fondé par Jean Monnet au lendemain de la Seconde Guerre Mondiale, et depuis mes études d'économie à Louvain, j'avais été fasciné par son histoire.

[9] Face à l'ambition d'une aide qui aurait dû s'élever jusqu'à 0,7% du PIB des pays industrialisés (objectif proposé de manière insistante par les Nations Unies), j'avais bien tenté de faire passer l'idée que, dans une analyse prospective de long terme, *l'objectif à poursuivre n'était pas un accroissement indéfini de l'aide, mais plutôt une organisation des rapports internationaux qui permettrait de réduire le besoin de cette aide à zéro,* justement parce que les pays receveurs deviendraient progressivement autosuffisants. Mais ma proposition fut bien vite écartée comme dangereusement irréaliste.

Cependant, c'est encore une fois un peu par hasard que j'y suis entré, à la suite de diverses rencontres ; et ce sont des circonstances fortuites qui ont voulu que cette prise de fonction nouvelle ait lieu quelques mois après l'arrivée de François Mitterrand à la Présidence de la République. On pouvait penser que l'accession au pouvoir des socialistes allait rendre à l'idée de plan dans une économie capitaliste une actualité et une importance qu'elle avait perdues dans les années récentes. Mais ce n'est pas ce qui s'est passé, sauf durant une très brève période d'illusion.

Pour moi, cette période de ma carrière professionnelle qui a duré dix ans fut particulièrement importante, d'abord parce qu'elle marquait un passage au moins provisoire des tâches d'enseignement et de recherche, à un travail plus pratique et plus proche des responsabilités concrètes dans une administration économique nationale, et au sein d'une expérience qui m'avait toujours intéressé par son histoire et ses potentialités. De plus, comme je l'ai exposé ci-dessus, j'avais déjà travaillé - au Congo, c'est-à-dire dans un cadre très différent - sur des problèmes de mise en œuvre de la planification du développement. Je ne vais pas reprendre les détails de cette expérience française ; mais je vais tenter de synthétiser la fonction générale que lui avaient assignée au départ ses fondateurs, au sein d'une économie capitaliste comme celle de la France, puis de décrire le tournant qu'elle a pris à l'époque où j'y ai collaboré. J'essaierai aussi d'esquisser brièvement une comparaison avec d'autres expériences de planification de même nature plus ou moins contemporaines.

Mon intention est ainsi d'esquisser dès à présent le schéma de la démarche que je voudrais développer dans la seconde partie de ce travail, et qui consiste à replacer ces expériences diverses dans une perspective historique commune, en précisant certains défis nouveaux qui résultent aujourd'hui de cette perspective. Dans un exposé plus approfondi, il faudrait montrer à quels besoins initiaux paraissait répondre l'idée initiale de ces expériences, comment elles y ont répondu plus ou moins bien pendant deux ou trois décennies, et comment les circonstances nationales et internationales se sont ensuite profondément modifiées, jusqu'à remettre radicalement en question l'adéquation de ces réponses. Ensuite de nouveaux besoins sont nés, exigeant de nouvelles réponses. L'expérience est donc complexe, et je ne veux pas en formuler une appréciation simpliste en quelques paragraphes. L'argument que je voudrais alors défendre - ou si l'on veut, ma modeste contribution à ce débat - est que les critiques ou les suggestions que j'ai pu formuler (avec bien d'autres observateurs ou participants de ces expériences, évidemment, car il existe une littérature abondante, théorique et pratique, dans ce domaine), peuvent contribuer au moins partiellement à un renouveau des idées, peut-être pas de la « planification » proprement dite, au sens où on l'entendait jusqu'à présent, mais au moins à la rationalisation d'un grand nombre de politiques publiques. Il ne s'agit certes pas de faire croire que tous les problèmes actuels peuvent être résolus grâce aux recherches du passé, mais de *montrer quelles conclusions de mes recherches du passé me paraissent encore utilisables*, et surtout *quelles questions ultérieures doivent encore être résolues dans l'avenir pour renouveler efficacement l'approche de ces problèmes de société*.

Je voudrais évoquer ici quelques illusions de certaines expériences de planification du développement que j'ai pu analyser dans divers contextes, non pour renoncer à l'idée - que je trouve toujours extrêmement souhaitable -, mais pour suggérer les exigences de renouvellement en profondeur d'une telle approche[10].

J'évoque d'abord quelques éléments caractéristiques de *la planification française* elle-même. Elle a commencé comme une sorte de plan de reconstruction physique de la France au sortir de la guerre. Mais elle a bien vite élargi ses ambitions, en particulier dans les années 60 sous la houlette de Pierre Massé, qui a proposé notamment une réflexion plus systématique sur les rapports entre plan et marché dans une économie qui restait manifestement capitaliste, même si une certaine tradition jacobine y préconisait depuis longtemps une intervention active des pouvoirs publics. Le Plan se voyait ainsi attribuer une double fonction : celle, très générale, d'un « réducteur d'incertitude » pour l'ensemble des acteurs de l'économie de marché, mais aussi, plus largement, celle de la promotion d'une concertation assez large de ces acteurs (et en particulier du trio « pouvoirs publics / patronat / syndicats ») ; le tout accompagné d'un effort remarquable d'amélioration de la statistique macro-économique et de sa modélisation, particulièrement à l'usage des décideurs publics. Le but général étant, naturellement, selon les déclarations de principe des responsables, d'aboutir à une définition plus satisfaisante de l'intérêt général, tout en gardant l'essentiel de la liberté des acteurs dans une économie de marché.

L'idée était ambitieuse, mais sa réalisation très critiquée par de nombreux acteurs. Parfois d'ailleurs pour

---

[10] J'ai proposé une réflexion de synthèse sur cette question, avec une comparaison entre la planification française, la planification indienne et divers efforts de planification en Afrique, dans un ouvrage déjà cité : *Planifier le développement : illusion ou réalité ?* CIDEP, Université de Louvain-la-Neuve, 1998, 120 pages.

des raisons contradictoires, dans la mesure où certains souhaitaient un rôle accru, et d'autres un rôle réduit des pouvoirs publics. De manière générale, l'ambition du Plan de tracer une voie d'ensemble pour l'avenir de l'économie et de la société françaises n'avait jamais été que très partiellement réalisée, dans la succession des différents plans jusque 1981. Les modèles macro-économiques eux-mêmes, très en vogue à la Direction de la Prévision du Ministère des Finances et au Commissariat du Plan, n'étaient guère utilisés pour assurer ce qui aurait pu être leur fonction principale dans le cadre de la planification du développement, à savoir la comparaison systématique et chiffrée des choix alternatifs qui s'ouvraient à l'économie et à la société françaises.

D'où la proposition de réhabilitation du plan annoncée par les socialistes en 1981 : le VIIIème plan préparé par la droite était abandonné, un plan intérimaire était rédigé à la hâte pour la période 1982-1983, et un nouveau plan quinquennal (le IXème) mis en chantier pour la période 1984-1988. Mais cette tentative mena elle-même à une profonde déception. Car dès novembre 1983, le Ministre des Finances de l'époque, Jacques Delors, tirait la sonnette d'alarme, pour attirer l'attention du gouvernement sur ce qu'il voyait comme l'irréalisme financier du IXème plan dont la rédaction venait de s'achever. Avec pour résultat que ce IXème plan fut considéré comme périmé par les décideurs les plus importants avant même la date de son entrée officielle en vigueur. Les années suivantes ne furent qu'une longue mise en veilleuse progressive, qui se transforma en agonie puis en suppression totale du plan en 2006.

Je vais revenir sur quelques-unes des raisons de fond qui expliquent la disparition progressive de l'idée de planification en France. Mais je voudrais d'abord citer quelques traits saillants que révèle la comparaison avec d'autres expériences, parce que ces traits sont étonnamment semblables, même si le contexte géographique, économique et politique en est entièrement différent.

Ainsi de l'*expérience indienne.* Elle est l'une des plus réputées dans le monde en développement. Elle a été conçue dès les débuts de l'indépendance du pays en 1947, appuyée - et même dirigée personnellement, avec l'immense prestige dont il disposait - par le Premier Ministre Jawaharlal Nehru ; elle existe toujours aujourd'hui, mais avec une influence manifestement réduite par rapport à ses débuts. De multiples raisons de ce déclin peuvent être invoquées, à commencer par celle de l'ouverture progressive de l'économie indienne, jadis très autarcique, dans le cadre de la mondialisation, celle des conflits redoutés avec la Chine et avec le Pakistan, ou encore celle de l'ascension accélérée de la pensée néo-libérale, dans le monde mais aussi dans une Inde restée jusque là très centralisatrice. Mais on pourrait citer aussi de multiples témoignages, de la part des artisans des plans indiens eux-mêmes – dont la très haute qualité technique n'est nullement en cause – qui invoquent surtout des arguments plus internes, en dénonçant l'influence de plus en plus faible de la planification indienne, non seulement si on compare ses projections macro-économiques à l'évolution réelle de l'économie, mais aussi dans les orientations pratiques de la politique économique et dans ses décisions d'investissements. Or – je le souligne encore une fois – il s'agissait certainement de l'une des expériences de planification du développement les plus sophistiquées dans le monde.

Les nombreuses tentatives de *planification africaine* ne sont guère plus encourageantes, sinon dans certains épisodes (c'est-à-dire pour certains pays durant certaines périodes). Je ne reviens plus sur l'avortement prématuré de l'expérience congolaise, finalement assez caricatural ; mais on pourrait citer de nombreux exemples des difficultés pratiques des dialogues entre experts (souvent étrangers) et responsables politiques (les deux groupes d'acteurs s'accusant mutuellement d'incompréhension réciproque), et souvent de l'écart important qui a continué de séparer les plans eux-mêmes de leurs résultats concrets.

Ce n'est donc pas un hasard si l'Institute of Development Studies à Sussex avait convoqué un séminaire dès 1969, avec les meilleurs spécialistes du moment (au moins dans le monde anglophone et latino-américain ; il n'y avait aucun participant français) pour examiner l'expérience des quinze années précédentes en matière de planification. Les deux volumes publiant les résultats de cette réflexion - sous un titre prémonitoire et provocateur : « The Crisis in Planning » - s'ouvraient sur un article introductif de Dudley Seers qui soulignait déjà l'insuffisance des liens entre les conceptions alors en vigueur de la planification, et les décisions des principaux acteurs dont dépendait l'avenir des sociétés et des économies[11]. Mais cette crise n'allait faire que s'aggraver au cours des décennies suivantes.

---

[11] Voir Mike FABER and Dudley SEERS, *The Crisis in Planning*, 2 volumes, published by Chatto and Windus for Sussex University Press, 1972. Voir en particulier l'article introductif de Dudley Seers, "The Prevalence of Pseudo-Planning" (volume 1, page 19 à 38), qui parle d'une tendance à limiter la planification à un « ceremonial role », et qui écrit ensuite : « Planning is not writing plans. It is best to rescue the word for drawing up a central strategy with priorities for the longer term, and seeing that it is carried into effect in tactical day-to-day decisions » (page 32).

Je voudrais citer en outre une évolution significative, bien qu'elle soit venue beaucoup plus tard et dans un contexte d'économie mondiale déjà profondément changé. Dans le cadre de la crise de l'endettement des années 90 et au début des années 2000, les organisations internationales ont multiplié les « programmes d'ajustement structurel » sans tenir compte des plans existants dans de nombreux pays, et même sans se demander comment ces programmes et les plans pouvaient être rendus compatibles[12]. L'idée implicite était tout simplement que les plans n'avaient plus la moindre importance pratique, et qu'en toute hypothèse les enjeux de développement nationaux ne faisaient pas le poids face aux revendications des créanciers internationaux. L'idée de planification ne s'est jamais vraiment remise de cette attaque.

Je crois cependant utile de réexaminer brièvement les raisons de cet échec relatif de la planification du développement dans les économies de marché (ce qui exclut donc, bien sûr, les problèmes spécifiques des économies planifiées de type soviétique : celles-ci ne sont plus guère qu'un souvenir aujourd'hui). Il me semble qu'en définitive, le problème fondamental vient du *caractère que j'appellerais « tendanciellement totalitaire » de la logique marchande,* qui cherche perpétuellement à étendre au maximum son domaine. Elle reconnaît bien sûr qu'une économie publique et collective reste pratiquement et théoriquement nécessaire ; mais elle

[12] A l'exception du PNUD qui s'est explicitement posé la question et a envoyé des missions pour proposer des solutions (j'en ai assuré moi-même plusieurs, notamment au Niger, au Sénégal, au Mali, au Burundi). Mais le PNUD n'avait pas un pouvoir suffisant pour faire contrepoids aux instructions autoritaires des institutions de Bretton-Woods.

considère que cette économie publique est difficile à pratiquer de manière rigoureuse, notamment parce que les instruments de gestion de l'économie planifiée ne sont guère au point, et que leur précision et leur efficacité n'ont rien à voir avec celles du système des prix en économie de marché.

Dans cette perspective, il faut donc réduire autant que possible le domaine de l'économie planifiée ; cette réduction profitera ainsi aux acteurs dominants des économies nationales, et plus encore de l'économie mondiale. Résultat de cette offensive néo-libérale et anti-planificatrice : l'absence d'une réflexion suffisante, chez les théoriciens comme chez les praticiens, quant aux exigences d'une combinaison, pourtant inévitable, entre les rouages de l'économie de marché et ceux des divers domaines qui échappent au marché (économie publique, économie domestique, économie sociale et solidaire, etc.). Il n'y a certes pas une solution unique à cette combinaison : il y au contraire de multiples possibilités alternatives ; mais encore faut-il les expliciter dans chaque cas particulier et comparer les choix ouverts. Mais les partisans de l'idéologie du profit (qui sont souvent en position de pouvoir) ne sont généralement pas très ouverts à ces alternatives.

Je ne peux reprendre ici une discussion détaillée de ces perspectives. Je voudrais cependant ajouter que c'est en éclairant davantage les conditions d'une telle combinaison que pourraient être résolus certains au moins des problèmes de fond de la planification qui ont été évoqués ici, et en particulier les exigences suivantes :

- celle du caractère souhaitable d'une *vue globale*, établie collectivement, sur le type de société que l'on souhaite promouvoir, étant entendu que cette construction ne peut pas résulter, en dépit des affirmations du théorème libéral, du seul jeu des intérêts particuliers arbitrés par le marché ; mais cette vue n'est ni habituelle, ni facile à établir, et elle ne peut se construire que progressivement, selon des méthodes qui resteraient à explorer davantage ;

- celle d'une explicitation aussi nette que possible des *choix* de plus en plus détaillés qui doivent être prononcés, en distinguant les choix politiques et les choix technico-économiques, en comparant les alternatives ouvertes en termes d'objectifs souhaitables, compte tenu des contraintes techniques, financières ou de toute autre nature, et surtout en faisant déboucher ces comparaisons sur l'établissement de *priorités* collectives sans lesquelles aucune vue d'ensemble ne peut avoir de sens.

Mais ces exigences n'ont pas reçu de réponse satisfaisante, et la plupart des partisans initiaux de la planification du développement ont fini par baisser pavillon.

Au total, on peut considérer que les expériences de planification qui se sont multipliées dans de nombreuses économies de marché (dont certaines dans des pays développés), au cours de la seconde moitié du siècle passé, répondaient à des besoins réels et importants qui ne pouvaient être satisfaits à travers les seuls mécanismes marchands. Ces besoins se sont évidemment transformés dans les décennies récentes - et sans doute même accrus, si l'on pense à des exemples tels que les conséquences du réchauffement climatique, ou les perspectives de l'énergie - mais la nécessité de répondre à des besoins collectifs grâce à une vision globale de la société à construire subsiste aujourd'hui. Face à de telles exigences, les succès des expériences de planification ont été très inégaux, mais dans l'ensemble très inférieurs aux espoirs optimistes (et sans doute irréalistes) qu'on y avait placés. Il ne paraît guère utile de tenter de restaurer aujourd'hui les procédures de planification qui ont été mises en œuvre dans le passé : mais si l'on considère que le besoin collectif demeure, c'est *un effort de re-conception beaucoup plus fondamental* qui doit être entrepris aujourd'hui, en ce qui concerne les valeurs en jeu et les objectifs souhaitables, les rapports entre objectifs collectifs et objectifs particuliers, les décisions politiques et les pratiques du marché, les rapports entre divers horizons temporels, et ainsi de suite. Il ne faut cependant pas se laisser impressionner par la complexité d'un tel programme : on peut imaginer que les réponses à ces questions passent notamment à travers une simplification des procédures par rapport au passé. Il faudra revenir sur les orientations de cette conception nouvelle dans la deuxième partie de ce travail, en se ré-interrogeant sur la fonction centrale qui peut être assignée à la mise au point d'une vue d'ensemble.

Le Commissariat du Plan français a été progressivement privé de ses fonctions de planification proprement dite. Il a d'abord continué à être chargé de divers travaux prospectifs, de natures diverses[13], a laissé ensuite la place à divers organismes qui assuraient des missions comparables, et a finalement été complètement

---

[13] J'ai moi-même été détaché à titre provisoire du CGP en 1996-97 pour faire partie d'un petit groupe de fonctionnaires animé par Stéphane Hessel, à la demande de Michel Rocard qui était alors Premier Ministre, pour réfléchir sur le renouveau nécessaire des relations entre la France et les pays du Tiers Monde. Le rapport a été rédigé au terme d'une année de travail et a été remis au Premier Ministre, mais sa publication s'est heurtée au veto du Président de la République.

supprimé au début des années 2000. Je n'avais pas attendu cette étape finale, et j'avais eu l'occasion de revenir de manière permanente - sans l'avoir formellement prévu, mais en accord avec un désir qui restait chez moi assez profond - à l'enseignement et à la recherche universitaires, dans le cadre de l'Institut Universitaire d'Etudes du Développement à l'Université de Genève.

Chapitre 3
L'IUED à Genève : retour à la recherche et à l'enseignement (1991-2002)

Originalité de l'IUED : similitudes et différences avec d'autres institutions universitaires

L'IUED (Institut Universitaire d'Etude du Développement) a été fondé en 1963, par le pasteur Bungener, pour contribuer à la formation des cadres africains dont la plupart des pays venaient d'accéder à l'indépendance. L'Institut s'est ensuite élargi à d'autres continents : durant les onze années que j'y ai passées, les Africains (Afrique subsaharienne et Afrique du Nord) représentaient un peu plus du tiers des étudiants, le reste se partageant surtout entre Latino-Américains et Européens, et quelques Asiatiques (relativement peu, malheureusement, parce que les cours ne se donnaient à l'époque qu'en français). Les étudiants pouvaient être admis sans diplôme universitaire, mais beaucoup avaient déjà exercé des fonctions professionnelles et venaient chercher une occasion, en milieu de carrière, de s'informer et de réfléchir sur les problèmes généraux du développement.

Ce statut quelque peu hybride - qui a été supprimé en 2003, après mon départ, lors de la fusion entre l'IUED et HEI (Institut des Hautes Etudes Internationales) pour former aujourd'hui l'IHEID (Institut des Hautes Etudes Internationales et du Développement) - avait des inconvénients, mais aussi des avantages considérables. Les inconvénients étaient ceux d'un « moindre » niveau académique, selon les critères universitaires habituels, et donc d'une reconnaissance internationale moins établie.

Les avantages étaient ceux d'une plus grande ouverture politique, dans un sens plus progressiste que l'enseignement universitaire traditionnel, ceux d'une proximité plus étroite avec les réalités concrètes des pays concernés, et plus encore ceux d'une très grande liberté de parole et de dialogue entre étudiants, chercheurs et professeurs, dans un climat de confiance « hors hiérarchie » peu fréquent dans les milieux universitaires.

Pour moi, cette confiance prolongeait celle que j'avais déjà rencontrée, dans un cadre différent, à l'Université de Kinshasa, et dont j'ai déjà parlé. Je dois cependant ajouter – mais ce n'est pas une simple parenthèse – que, *mutatis mutandis*, j'ai retrouvé aussi, à la même époque, cette moindre reconnaissance internationale, ce progressisme et cette ouverture plus large au dialogue, dans la formation doctorale d'« économie comparative du développement » de l'EHESS (Ecole des Hautes Etudes en Sciences Sociales) à Paris, animée au départ par Ignacy Sachs, où j'ai assuré un séminaire régulier entre 1978 et 2005. Dans cette brève évocation, mon but n'est pas de comparer entre eux les différents milieux étudiants que j'ai rencontrés, mais plutôt de formuler quelques réflexions sur l'enseignement et la recherche en économie du développement, à partir de mon expérience à Kinshasa, à Paris et à Genève, ainsi que de nombreuses charges d'enseignement plus ponctuelles, en divers endroits, que j'ai assurées à presque toutes les périodes de ma vie professionnelle, à l'exception des deux ans passés à la Banque mondiale[14].

---

[14] Après mon retour en Europe au début 1977, j'ai assuré divers enseignements réguliers, notamment à l'EHESS (Ecole des Hautes Etudes en Sciences Sociales, Paris, de 1978 à 2005), l'IEDES (Institut pour l'Etude du Développement Economique et Social, Paris), à l'Université de Nanterre, à celle de Strasbourg et à celle de Louvain-

Cette réflexion sur le processus de développement, ainsi que sur l'enseignement et la recherche qui s'organisent autour de ce processus, constitue certainement l'une des préoccupations principales de toute ma vie professionnelle. Elle vient ainsi s'ajouter et se combiner étroitement à deux autres thèmes majeurs, déjà cités, celui de la réflexion sur le modèle de l'économie non marchande, et celui de la critique de la place excessive de la discipline économique dans les efforts pour maîtriser le devenir des sociétés. C'est sur ce thème de *l'enseignement et de la recherche en matière de développement* que je voudrais donc revenir, puisque cet enseignement a constitué la dernière étape de mon parcours professionnel.

Je dois reconnaître d'abord que *j'ai une véritable dette personnelle avec le milieu étudiant de ce point de vue*. Au-delà de nombreux contacts avec des responsables politiques et d'autres décideurs praticiens du développement, c'est bien à ces *occasions exceptionnelles de dialogue collectif avec des étudiants particulièrement motivés et désireux de comprendre*, tout au long de ma vie professionnelle, que je dois ce stimulant permanent d'une réflexion jamais achevée sur le processus de développement.

Plus généralement, je note aussi que cette approche qui s'appuie simultanément sur des milieux très divers permet

---

la-Neuve, sans compter de nombreux échanges ponctuels avec d'autres universités ou organisations non gouvernementales, et ma participation à des sessions de formation organisées par des organisations internationales, telles que l'UNITAR (United Nations Institute for Training and Research). Même si je parle ici plus explicitement de Genève et de l'EHESS, c'est donc sur l'ensemble de ces expériences que je fonde les quelques remarques rassemblées ici.

une interaction plus étroite entre les théoriciens (souvent dénués d'expérience pratique) et les praticiens (souvent limités dans leurs initiatives par un manque de vision globale sur les contraintes des logiques économiques).

La logique voudrait sans doute que je commence ces commentaires par une réflexion globale et critique sur la *notion* de développement elle-même : mais celle-ci a été évidemment au cœur de tout mon travail depuis la fin de mes études, et je préfère donc regrouper ces réflexions sur le développement dans le premier chapitre de la deuxième partie de cet ouvrage. J'essaierai ensuite de montrer, dans les deux chapitres suivants, que ces réflexions basées sur mon expérience restent encore utilisables aujourd'hui : j'analyserai, à titre d'exemples, quelques problèmes de développement devenus particulièrement cruciaux dans la période actuelle.

Exigences de l'enseignement et de la recherche dans ce domaine.

Quelles sont les exigences principales de l'enseignement et de la recherche dans ce domaine ? Je ne peux certainement pas en proposer un tableau complet, mais je voudrais au moins souligner les éléments suivants.

Je n'ignore pas le souhait de la plupart des économistes de donner à leur discipline le statut d'une véritable science. Je vois des raisons sérieuses pour justifier une telle perspective, mais j'ai aussi de nombreux doutes à son propos. Ce n'est pas cependant pas le lieu pour aborder ici une discussion d'ensemble de cette question. Je voudrais seulement proposer au départ une considération pragmatique : *la notion de développement ou de progrès en discussion ici ne constitue pas en elle-même un domaine « scientifique ».* C'est une notion complexe qui, par nature, doit faire l'objet d'une analyse, puis de propositions politiques. L'analyse doit être aussi rigoureuse que possible ; elle peut et doit donc s'inspirer dans ce but de multiples disciplines scientifiques, par exemple dans le domaine de la géographie, de l'agronomie, de l'histoire, ou même d'approches scientifiques plus conceptuelles telles que la théorie des jeux, la prospective ou la prévision. Mais même s'il s'appuie en pratique sur de nombreuses analyses de ce type, le processus de développement dans son ensemble résulte pour l'essentiel de *choix politiques* qui ne paraissent pas relever directement de la « science ».

Comment, dés lors, *enseigner* un tel domaine à des étudiants débutants, et a fortiori – comme c'était le cas de divers participants à l'IUED – à des gens qui ont déjà une certaine expérience professionnelle, dans des domaines variés, et qui veulent, non pas perfectionner directement leurs compétences spécialisées dans une profession, mais les « re-situer » dans le cadre d'un progrès collectif auquel ils souhaitent participer ? D'abord en aidant les auditeurs à saisir les caractéristiques d'ensemble du processus qu'ils veulent étudier, et notamment la *complexité* inhérente à un processus de progrès social et politique ; ce qui suppose l'étude des *analyses* disponibles (dans la littérature scientifique, mais aussi dans les rapports d'experts, dans les documents des organisations internationales, etc.). Pour comprendre cette complexité, certes, mais aussi pour prendre conscience de la dimension inévitablement *normative* qui s'attache à toute notion de progrès, en étudiant les choix collectifs alternatifs qui s'ouvrent à la collectivité considérée, à divers niveaux, ainsi que les *critères* divers (de survie, par exemple, ou de bien-être, ou de sécurité, ou de richesse, ou de puissance) sur lesquels ces choix peuvent s'appuyer. Tout cela exige beaucoup de rigueur et de précision, mais ne suffit pas à constituer pas l'idée du développement en un domaine scientifique au sens habituel du terme. En d'autres termes, ce que ces stratégies normatives exigent, c'est une *vue d'ensemble* sur les *objectifs* à atteindre, sur leurs *enjeux de société*, sur les *priorités* à établir entre ces objectifs, et sur leurs *coûts* prévisibles. Ce sont des jugements de valeurs qui sont en jeu, plutôt que des connaissances scientifiques ; encore faut-il, bien entendu, que ceux qui sont appelés à prononcer ces jugements de valeurs disposent de l'information nécessaire à ces jugements (et notamment la connaissance des expériences comparables qui auraient été réalisées ailleurs).

On peut résumer tout cela en considérant que l'enseignement du développement - ainsi que la recherche permanente qui nourrit et prolonge cet enseignement - doit porter en priorité sur l'analyse (a) des *enjeux fondamentaux* du progrès nécessaire ; (b) des *composantes* multiples de ce progrès, compte tenu de la situation de départ, mais aussi des *interdépendances* complexes entre ces composantes ; (c) des *expériences* de développement observables ailleurs, de leurs réussites et de leurs échecs.

Si tels sont les thèmes essentiels d'un enseignement dans ce domaine, ils commandent aussi certaines *exigences de méthode* (et c'est l'une des raisons pour lesquelles il ne faut pas prétendre trop vite à un statut proprement « « scientifique » pour une telle réflexion). La première de ces exigences de méthode, pour moi, découle du fait que le thème central de cet enseignement est un processus qui concerne toute la société et requiert la participation de tous les citoyens, sans qu'il soit possible de le déléguer à une technocratie d'experts extérieurs.

L'enseignement du développement ne peut donc pas se fonder d'abord sur un jargon de techniciens et de théoriciens (même si, comme on le verra dans la suite, techniques et théories interviendront inévitablement dans ce dialogue, dont c'est d'ailleurs l'une des principales qualités) : il doit être *compréhensible par les citoyens non spécialistes* [15] . Mais il faut mentionner une seconde exigence, au moins aussi importante (outre les qualités de pédagogie et de clarté attendues de tout enseignant dans n'importe quelle discipline) : c'est de considérer cet enseignement, non comme un monologue destiné d'abord à transmettre un savoir indiscutable, un discours magistral à sens unique, mais comme *un dialogue fondé sur une véritable écoute réciproque*, surtout si les étudiants concernés ne disposent pas encore du vocabulaire adéquat. Pourquoi ? Parce le progrès est alors considéré, non comme une spécialité savante de quelques-uns, mais comme une préoccupation existentielle fondamentale, qui ne peut progresser que par une entreprise collective d'enrichissement mutuel. J'ai appris beaucoup de mes étudiants en essayant d'adopter cette attitude.

Si telles sont bien les exigences de l'enseignement et de la recherche en matière de développement, on peut certainement affirmer que la plupart des institutions en sont restées à une conception assez traditionnelle, et qu'aucune des institutions existantes dans ce domaine n'a véritablement réussi une percée satisfaisante vers un tel renouveau. D'autant plus que, comme on va bientôt le voir,

---

[15] Un peu de la même manière que ce que demandait Jean-François REVEL pour l'enseignement de la philosophie, et pour les mêmes raisons : à la différence de la plupart des disciplines scientifiques, tout le monde devrait pouvoir raisonner en philosophe, même s'il n'a pas la formation nécessaire. Voir son ouvrage devenu classique : *Pourquoi des philosophes ?* (Jean-Jacques Pauvert, Paris, 1957)

le cadre du développement lui-même se transforme de manière accélérée. Le renouveau de l'enseignement ne sera conçu et ne pourra s'opérer que très progressivement ; personne ne connaît encore les clés de la réussite, et chacun ne peut apporter qu'une pierre à cette lente élaboration ; mais il est important qu'elle soit poursuivie sans relâche. Je crois pouvoir affirmer, cependant, que l'expérience - modeste, mais finalement assez novatrice - d'institutions de recherche et d'enseignement telles que l'IUED allait dans la bonne direction.

Cet Institut, me semble-t-il, appartenait à ce courant de pensée soucieux d'ouverture et de réflexion critique, sans doute davantage que beaucoup d'institutions universitaires, peut-être plus savantes et plus renommées, mais aussi plus respectueuses de l'orthodoxie économique, et souvent donc moins créatives. Et c'est pourquoi j'ai cru utile d'insister sur les modalités d'enseignement, de recherche, et de rapports entre enseignants, chercheurs et étudiants qui caractérisaient cet Institut, justement parce qu'elles permettaient une combinaison, ou au moins une véritable rencontre, entre les approches « par le haut » enseignées par les universitaires, et les expériences concrètes, contradictoires, parfois douloureuses, mais souvent très stimulantes des citoyens, et particulièrement des jeunes. Je reviendrai sur les perspectives de nouveaux dialogues de ce type - notamment dans une perspective de démocratie étendue aux choix du développement - et sur le renouveau de réflexion qu'ils permettent.

Une observation finale sous forme d'interrogation.

Je termine ici cette première partie, en évoquant une constatation personnelle, très secondaire mais un peu paradoxale, sans savoir si je dois en rire ou m'en inquiéter :

la plupart des organisations avec lesquelles j'ai collaboré pour un temps, durant mon parcours professionnel, ont vécu une époque difficile, et plusieurs parmi les plus importantes ont même totalement disparu... *presqu'immédiatement après mon départ.* Au Congo, la province de l'Uele s'est effondrée dans les rébellions de 1964 et ne s'est jamais vraiment relevée ; la tentative de planification de 1966 a vite disparu ; l'Université de Kinshasa elle-même est entrée dans une période difficile au milieu des années 70, à la fois pour des raisons politiques (qui agissent encore aujourd'hui) et pour des raisons de réduction assez nette dans l'importance de la coopération internationale dont elle bénéficiait. La Banque mondiale, elle, échappe bien sûr à de telles difficultés : elle était, et reste sans doute pour longtemps, totalement « insubmersible ». A Paris, le groupe « Interfuturs » a été supprimé par l'OCDE en 1979 après trois ans d'activités prometteurs ; le Centre de Développement a vécu une période de moindre influence durant plusieurs années, dont il paraît aujourd'hui sorti. Le Commissariat du Plan, après une brève renaissance au début des années 80, a repris sa pente descendante, jusqu'à sa suppression totale (et le groupe Hessel auquel j'ai participé à la demande du Plan durant cette période, a disparu après que son premier rapport ait été rejeté par le président de la République). Enfin à Genève, l'IUED a été fusionné – et pratiquement absorbé – par le nouvel IHEID créé en 2003, qui est une institution assez profondément différente.

Je ne connais pas les raisons de ce paradoxe, ni la signification qu'il faut lui donner ; je n'aurai pas le ridicule de surestimer l'influence de ma présence personnelle dans ces institutions, et je préfère en rire. Je citerai donc pour finir l'opinion d'un collègue genevois qui m'a conseillé, avec beaucoup d'humour, de poursuivre ma carrière en mettant cette étrange capacité de dissolution au service de la collectivité : selon lui, Genève est pleine d'institutions qui ne servent plus à rien, mais que personne n'arrive à supprimer.

Conclusion de la Partie 1
Bilan de ce parcours :
principales conclusions
que j'en ai personnellement retirées

Je l'ai annoncé en introduction : le but de ce retour vers le passé est tourné vers l'avenir. Je n'avais pas l'intention d'écrire des « mémoires » ; je ressentais seulement une conviction, selon laquelle certaines au moins des conclusions que j'avais tirées de mes travaux passés, dans des contextes très divers, restaient utiles pour contribuer, modestement, à l'analyse et à la solution progressive des problèmes de société d'aujourd'hui, dont beaucoup sont assez nouveaux.

Avant d'aborder une réflexion plus politique, ou au moins plus constructive, sur le développement d'aujourd'hui et de demain, je résume en quelques lignes les principales conclusions que j'ai évoquées dans cette première partie.

1 - La perspective générale est, bien sûr, celle du *développement,* et l'on va y revenir plus en détail dans la deuxième partie. Mais pour l'essentiel, on peut déjà comprendre que ce développement doit être entendu, non pas d'abord comme un problème économique, mais comme un processus de *progrès multidimensionnel de la société* : processus qui doit être abordé à la fois par une analyse de ses composantes envisageables, par une réflexion politique sur les choix qu'il implique, par une étude technico-économique de ces alternatives et de leurs possibilités de mise en œuvre, et enfin par une *analyse globale* de tous ces éléments dans leur interdépendance. Et c'est bien ce qu'ont essayé de faire, depuis longtemps,

diverses branches des sciences sociales autour de la notion de développement, mais sans parvenir à détrôner la suprématie de l'approche économique, et sans parvenir à en renouveler globalement l'approche synthétique.

2 - Cette analyse et cette réflexion politique sur le développement portent en priorité sur la situation, l'évolution et les comportements des *personnes et des groupes sociaux au sein de ces sociétés,* et donc *sur la condition humaine* des populations concernées en général, plutôt que sur de multiples calculs de quantification et de comptabilité d'éléments matériels, sur l'équilibre et le dynamisme des agrégats statistiques qui en découlent, et sur leurs évolutions au niveau macro-économique : elles concernent des hommes et des femmes, avec leurs désirs et leurs comportements, ainsi qu'avec divers changements dans les relations sociales, telles que la formation de groupes sociaux et les relations d'interdépendance ou de domination qui s'établissent entre eux. C'est à travers cette transformation sociale que les stratégies de développement peuvent chercher, par définition, à réaliser un véritable « intérêt général », en dépit des multiples conflits entre intérêts particuliers ; mais il faudra voir comment cet « intérêt général » peut être effectivement mis en œuvre et réalisé.

3 - Le processus de développement qui peut être souhaité ne sera pas purement spontané et suppose un *effort d'organisation*, au sein des groupes sociaux, dans le cadre des relations sociales qu'ils entretiennent entre eux, et plus largement à travers les politiques publiques. Cette organisation n'est pas prédéterminée, il n'y a pas d'organisation « optimale » du développement : elle implique d'abord une *analyse* des éléments qui, dans chaque cas spécifique, peuvent constituer ce processus de

développement ; elle requiert ainsi une compréhension détaillée du contexte social de ce processus et des principaux problèmes à résoudre pour son amélioration, dans une perspective d'intérêt général. Elle exige ensuite, sur cette base, une identification des *divers choix* ouverts à la collectivité concernée, quant au contenu et à la mise en œuvre du processus de progrès. Les jugements de valeurs que ces choix impliquent, et la rationalisation qu'ils demandent, constituent les éléments centraux des préoccupations fondamentales des stratégies de développement.

4 - C'est pourquoi il est utile de faire une distinction, parmi ces choix, entre *choix politiques,* qui portent sur les finalités du progrès (le type de société que l'on souhaite promouvoir, avec les objectifs concrets qui en découlent), d'une part, et les *choix technico-économiques* sur l'adaptation des moyens pour atteindre ces objectifs, d'autre part ; les premiers reposent sur des jugements de valeurs exprimés par la collectivité elle-même, les seconds sur la rationalité instrumentale, éventuellement étudiée par des « experts ». Ces choix s'expriment notamment sous la forme de mises en *priorités* : sans ces priorités, il ne peut y avoir de politiques opérationnelles, notamment parce que la rareté relative des ressources s'oppose à ce que toutes les revendications soient également satisfaites dans une même période (une politique précise ne peut donc faire plaisir à tout le monde simultanément) ; mais les responsables n'osent généralement pas l'avouer publiquement.

5 - Une stratégie de développement est donc d'abord *un processus politique* : ce qui importe, c'est la société, sa conception de l'intérêt général, ses arbitrages dans les conflits inévitables entre intérêts particuliers, et ses

préférences (qui ne sont pas nécessairement déterminées par un processus démocratique : les sociétés peuvent choisir d'autres formes d'organisation du pouvoir). Mais le *calcul économique* reste évidemment important : le problème est de tenir compte de cette importance sans subordonner le progrès à des considérations purement économiques ; or ce danger est inhérent à la philosophie de base du système mondial actuel, dont l'emprise est considérable sur l'ensemble des acteurs du développement dans le monde. De plus, les relations vis-à-vis de la nature et des ressources naturelles, longtemps négligées, constituent désormais une composante essentielle des stratégies de développement. *Les rapports entre les dimensions politique, économique, sociale, écologique, culturelle et religieuse sont au cœur de la problématique du développement*, et doivent être réexaminées dans le contexte actuel.

6 - La place des critères économiques dans les stratégies de développement reste donc essentielle, même si elle est subordonnée. Cependant cette place elle-même peut être revue dans une perspective plus large en se dégageant d'un réductionnisme devenu aujourd'hui très contraignant pour des raisons idéologiques, celui de l'importance de la seule *logique marchande* dans les choix économiques. A partir de progrès proposés depuis longtemps par divers chercheurs sur les choix publics, on peut étudier les possibilités d'un deuxième modèle de référence pour le raisonnement économique, qui serait celui de *l'économie non marchande.* Economie marchande et économie non marchande seraient ainsi deux volets, complémentaires entre eux, d'un problème plus large, celui de la *rationalité économique générale*, dont il faut préciser les composantes essentielles.

7 - Les contextes, nationaux et internationaux, dans lesquels se révèlent (avec des succès, mais aussi avec beaucoup d'échecs) ces processus de développement sont marqués notamment par (a) les *transformations rapides des sociétés*, mais celles-ci sont diverses et multiples : bouleversements dans la structuration de la société en groupes sociaux ou en classes sociales ; urbanisation et migration ; différenciation accélérée des pays dits en développement ; importance croissante des influences et des relations extérieures ; ces transformations sont difficiles à apprécier parce que récentes, et encore plus difficiles à prévoir (faiblesse relative de la prospective) ; (b) l'importance persistante des troubles, de l'insécurité et surtout de la *violence,* dont la nocivité est décuplée par des potentialités technologiques accrues.

8 - Cependant, l'une des difficultés principales de l'élaboration de véritables stratégies d'intérêt général choisies par les collectivités concernées vient aujourd'hui, ainsi qu'on va le voir, de *l'emprise progressive, sur la plupart des sociétés de la planète, d'un modèle de développement dominant centré sur les préoccupations économiques.* Ce modèle dominant, à travers l'inégalité des rapports de pouvoirs entre ces sociétés et les acteurs qui les composent, mais aussi à travers la mondialisation de la culture et de l'économie, tend à imposer des normes de manière autoritaire à ces sociétés, dans un sens qui favorise davantage une minorité de privilégiés qu'un intérêt général de la collectivité mondiale.

9 - S'il est vrai que ce modèle est incapable de promouvoir un véritable intérêt général, la théorie économique et les pratiques qui contribuent à la définition de ces normes imposées par le modèle dominant requièrent *un effort critique* approfondi, en vue de leur

renouvellement et de la reconnaissance d'une plus grande *diversité* dans les approches du développement. Les instruments proposés par l'analyse économique « orthodoxe » demeurent certes utilisables, mais ils sont insuffisants, notamment en raison de la place centrale qu'ils réservent à la discipline économique elle-même et à la théorie du marché au sein de cette discipline, à l'insuffisance de l'attention qu'elle accorde aux rapports entre les groupes sociaux en présence et la définition de l'intérêt général, et enfin aux liens « systémiques » qui assurent un caractère totalitaire à l'emprise du modèle dominant. Dans les recherches évoquées ci-dessus, l'insistance sur l'économie non marchande n'est certes qu'une proposition parmi d'autres pour dégager la société de cette emprise ; mais elle me paraît importante en raison de son insistance sur la dimension collective des relations économiques, sur l'exigence qu'elle révèle d'une construction systématique des préférences collectives, et sur les particularités du calcul de rationalisation pour construire peu à peu des perspectives opérationnelles de développement en coopération avec les acteurs du marché.

10 - J'ai voulu insister particulièrement, dans le récit de mon parcours professionnel, sur le rôle qui peut être joué, dans cet effort de renouvellement des approches du progrès et de l'intérêt général, par les milieux de *l'enseignement et de la recherche en matière de développement*. A condition, toutefois, de leur assurer une ouverture plus large, par un effort de réflexion critique plus que de simple transmission du savoir, ainsi que par la multiplication des échanges entre expériences différentes et la promotion de véritables dialogues, qui peuvent ainsi devenir des instruments de progrès intellectuels et de démocratie. A condition, aussi, de faire en sorte que les travaux des chercheurs (et plus largement des experts)

soient organisés et présentés de telle manière qu'ils fournissent la base d'un véritable dialogue avec les responsables politiques, non seulement pour influencer la conception initiale des politiques publiques, mais pour en accompagner l'élaboration de manière permanente. Car il s'agit d'éclairer non seulement les grands choix initiaux de ces politiques - qui, comme tels, risquent de demeurer trop abstraits, ou au moins trop généraux -, mais aussi les choix de plus en plus précis qui permettent la mise en œuvre concrète de ces politiques.

11 - Je termine cette liste provisoire des conclusions que m'a suggérées mon parcours personnel, en ré-insistant sur les principales *exigences méthodologiques* qui m'ont paru insuffisamment respectées dans les études traditionnelles de développement, qu'elles soient académiques ou plus directement politiques et opérationnelles. Je voudrais souligner plus particulièrement six de ces exigences :

- une perspective historique de *longue durée*, à la fois dans l'analyse du passé et dans l'effort prospectif vers l'avenir ;

- une combinaison nécessaire des études *empiriques* et de la réflexion *théorique*, notamment en vue de permettre une meilleure compréhension de la logique des évolutions observables dans les sociétés ;

- la dimension *systémique* qu'il faut prendre en compte pour comprendre certaines de ses évolutions (telle que celle du modèle dominant) ;

- *l'imagination,* qui n'exclut pas la rigueur, mais qui est certainement préférable au dogmatisme ;

- les *choix* nécessaires pour construire un avenir plus satisfaisant des sociétés humaines ; mais ces choix doivent être traités différemment selon leur nature, politico-éthique ou technico-économique ;

- la mise au point d'une *méthode de dialogue systématique entre les chercheurs et les experts, d'une part, les responsables politiques, d'autre part.*

DEUXIEME PARTIE

ELEMENTS DE REFLEXION ET D'ACTION POUR L'AVENIR

Chapitre 4
La notion générale de développement : une critique indispensable

La notion de *développement*, assimilée à celle du *progrès général d'une société*, a été sans cesse évoquée dans le rappel de mes occupations diverses, dans la première partie de cet ouvrage. Et c'était inévitable, puisqu'elle constituait le thème central des préoccupations sous-jacentes à la plupart des activités que j'ai exercées, dans des organisations nationales et internationales, et surtout dans l'enseignement et la recherche universitaires. Sous cette forme la plus générale qu'on lui donne encore parfois de nos jours (je dis parfois, parce que ce sont justement les conceptions réductionnistes de cette notion qui dominent aujourd'hui, comme on va le voir), son apparition relève d'une tradition assez récente : on peut la considérer, en somme, comme une émanation du siècle des Lumières européen, dont les philosophes nous ont incités à considérer que « la société de demain peut être meilleure que celle d'aujourd'hui ».

Mais je n'ai exposé systématiquement, jusqu'à présent, ni les caractéristiques principales de cette notion, ni les problèmes qu'elle soulève, dans son principe comme dans sa réalisation et dans son enseignement, ni les critiques – si possible constructives – que je souhaite y apporter. J'ai choisi de rassembler l'essentiel de ces commentaires dans la seconde partie de cet ouvrage : je vais les présenter maintenant de manière aussi synthétique que possible, avant d'en suggérer quelques applications plus actuelles dans les deux chapitres suivants.

La notion de développement : caractéristiques de base.

Une brève énumération de rappel suffira, car plusieurs de ces caractéristiques ont déjà été évoquées dans le texte qui précède.

- Le développement, au sens de progrès général des sociétés, doit être conçu et élaboré selon *une approche très globale, parce qu'il concerne par définition l'ensemble des composantes interdépendantes de ce qui constitue la « condition humaine » des collectivités concernées* : il vise à une satisfaction des besoins essentiels qui conditionne la survie de tous les membres de la population de la planète ; il recherche une amélioration de toutes les composantes du bien-être matériel, mais aussi des formes d'épanouissement de la vie individuelle et sociale, et donc de la nature des relations sociales, des conditions d'environnement naturel, de la sécurité pour tous, de la liberté et du respect de la diversité des hommes ; et aussi de leurs aspirations au-delà du matériel, notamment dans leur dimension de spiritualité ou de transcendance. Le progrès est donc par nature *un processus éminemment multidimensionnel* ; il ne peut être réduit à l'une de ses dimensions. Il faut souligner particulièrement ce principe à propos de la dimension matérielle, qui est souvent considérée par les économistes comme la composante essentielle de ce progrès, et même comme une condition nécessaire et suffisante qui entraînerait automatiquement toutes les autres, alors que toute l'expérience internationale récente démontre le contraire.

- Cependant, l'homme vit à la fois dans un monde aux *ressources limitées,* et dans une *société diversifiée* ; cette société souhaite le plus souvent rester diversifiée, au nom de son identité, de sa dignité, de sa souveraineté. Le progrès idéalement multidimensionnel qui vient d'être évoqué ne peut donc être réalisé en une fois, pour tout le monde et dans toutes ses composantes, au moins dans l'immédiat ; il ne doit pas davantage présenter une image identique dans toutes les sociétés. La conséquence la plus évidente de ce constat de départ a déjà été soulignée plusieurs fois précédemment : la conception, l'organisation et la mise en œuvre de ce progrès de la collectivité humaine exigent *une succession de choix*. Ces choix sont au moins de deux catégories, qu'il faut distinguer parce que leurs critères de rationalité sont différents : *des choix politiques,* qui s'appuient sur des jugements de valeurs quant aux finalités poursuivies, et qui sont censés définir des priorités parmi les valeurs, puis parmi les divers objectifs possibles et souhaités par divers groupes humains (les ambitions de ces groupes seront souvent en conflit, et il est illusoire de croire qu'une stratégie de développement puisse plaire à tout le monde à la fois) ; *des choix technico-économiques,* qui concernent les moyens de réalisation de ces objectifs dans un contexte de rareté, et dont les critères sont donc ceux de la rationalité instrumentale.

Si l'on tient compte de la nécessité de ces choix, le processus de progrès des sociétés se révèle comme un processus éminemment *complexe*, parce que ces choix vont être multiples et très divers. Mais il devient aussi très *ambigu,* parce que ces choix seront inévitablement influencés par les idéologies et les intérêts particuliers en présence dans la société concernée. Et la principale source d'ambiguïté, aujourd'hui, vient de l'émergence d'un véritable système économique mondial, qui prétend diffuser *un modèle de développement dominant* pour l'ensemble du monde, et imposer ainsi ses priorités à l'ensemble des acteurs. Dans cette perspective du modèle dominant, le « développement » prend une allure, une orientation et surtout un contenu concret extrêmement spécifiques ; mais ce contenu, en dépit des affirmations des partisans de ce modèle, ne correspond pas nécessairement à l'intérêt général de l'ensemble de la collectivité humaine. D'où les oppositions croissantes auxquelles se heurte la diffusion de ce modèle de développement dans le monde d'aujourd'hui.

- Dernière caractéristique de cette exigence de développement ou de progrès considérée comme une amélioration multidimensionnelle de la condition humaine : *son urgence actuelle dans notre société*. Elle a sans doute toujours constitué un enjeu fondamental pour toutes les collectivités humaines (encore que de nombreux anthropologues émettent des doutes sérieux sur cette universalité de l'aspiration au progrès) ; cependant l'idée n'en a été formulée et précisée que très progressivement, et elle est sans doute restée longtemps inconsciente pour beaucoup. Je crois cependant qu'elle a toujours été présente, d'une manière ou d'une autre, à chacune des périodes de l'histoire humaine, parce qu'elle constitue une caractéristique essentielle de cette histoire. Elle s'est formidablement diffusée - sans d'ailleurs s'assigner aucun terme, aucune limite - à partir de la Renaissance, du siècle des Lumières, puis de l'industrialisation. Mais aujourd'hui, *elle s'impose tout particulièrement à la nôtre,* car on peut montrer que les sociétés telles qu'elles existent aujourd'hui, en résultat de cette évolution dans le long terme - sont *profondément inacceptables*, parce qu'elles ne répondent pas de manière satisfaisante aux besoins de l'ensemble des hommes, alors même qu'elles en auraient théoriquement la possibilité. Ce point est tellement fondamental qu'il mérite une justification plus explicite.

Pourquoi la société est-elle aujourd'hui inacceptable, et pourquoi un progrès substantiel y est-il aujourd'hui indispensable ?

Je voudrais commencer cette approche critique par un constat positif : le progrès effectif de l'humanité n'est pas seulement une aspiration, une possibilité, une potentialité, il constitue *une réalité indéniable* qui a été effectivement mise en œuvre dans le passé, qui continue de se diffuser, et dont on pourrait faire un bilan impressionnant. Sans qu'elle autorise une appréciation générale totalement positive dans la longue durée, cette évolution témoigne d'un progrès de la condition humaine en de nombreux domaines, encore que ces domaines ne soient jamais à l'abri du danger d'une régression longue. Mais de nombreux progrès sont très réels. Il ne s'agit donc pas, dans un constat qui se veut alarmiste, d'adopter un point de vue exclusivement catastrophiste et de nier les réalités positives. Je veux ajouter à ces réalités que les perspectives de progrès ultérieur sont encore rendues plus réalisables et plus probables par divers facteurs, et j'en cite au moins trois. Une conscience plus grande, chez un grand nombre de citoyens et d'autorités responsables, d'une perspective historique qui montre à la fois l'accélération du progrès dans les siècles récents et le désir de poursuivre ce progrès dans les siècles à venir. Des avancées technologiques gigantesques, qui ont été réalisées récemment pour de nombreuses activités, et qui accentuent nos potentialités et nos possibilités d'action pour l'avenir. Une meilleure connaissance des expériences passées, de leurs réussites et de leurs échecs, enfin, devrait aussi nous permettre d'affiner nos stratégies. Ces perspectives sont d'ailleurs prises en compte de manière croissante – au moins en termes rhétoriques – par une majorité de gouvernants dans le monde, y compris parmi les dictatures les plus aveugles, car les gouvernants se sentent obligés de déclarer bruyamment et de préciser sans cesse leurs intentions de « développement », face aux populations dont ils se déclarent responsables.

Cela dit, pourquoi reste-t-il indispensable et urgent que ce processus se poursuive, mais aussi se transforme ? Je voudrais articuler ces raisons de la manière suivante, en parlant d'abord de changements généraux dans les collectivités, puis de la répartition des avantages et des coûts de ces processus de développement, enfin en généralisant cette critique au niveau global des sociétés, qui me paraissent aujourd'hui assez profondément « malades » ; et en rappelant aussi que la plupart des expériences de développement récentes dans le monde reproduisent, plus ou moins étroitement, les caractéristiques principales du « modèle dominant » du système économique mondial. D'où une critique générale qui peut être appliquée à de nombreux pays, alors que les contextes, les contenus et les modalités de chacune des expériences locales sont différents.

Des changements généraux.

Même si l'exigence de progrès a été ignorée, ou au moins négligée, par beaucoup de sociétés dans l'histoire, *elle ne peut plus l'être à notre époque*. Parce que le monde a considérablement changé, parce les hommes sont beaucoup plus nombreux et donc obligés d'organiser leur vie en commun, parce que les technologies se sont incroyablement perfectionnées dans les siècles les plus récents, parce que les hommes sont ainsi infiniment plus conscients de leurs propres possibilités et plus désireux de les mettre à profit. Et aussi parce que cette humanité, en apparence exceptionnellement douée pour le progrès, paraît aujourd'hui avoir échoué dans son projet d'amélioration du monde ; ou plutôt parce qu'elle ne l'a réalisé que très partiellement au profit d'une minorité privilégiée [16] . Pour des raisons de maladresse et d'ignorance, sans doute, mais aussi et surtout pour des raisons de volonté de pouvoir et de domination chez certains acteurs et certains groupes sociaux, qui ont perverti les relations sociales au sein des collectivités humaines. Il faut y ajouter une dérive du processus de développement considéré dans son ensemble, dérive probablement liée au phénomène de mondialisation.

Dans ce contexte, le monde devient *inacceptable*, parce qu'à côté de réussites remarquables, il ignore de multiples coûts qu'il refuse de comptabiliser, et parce qu'il laisse ainsi en héritage une aliénation, une insatisfaction, une insécurité débouchant sur une multiplication des guerres, et surtout une misère profonde pour une partie considérable de sa population, alors qu'il aurait dès à présent les moyens de résoudre ces problèmes inacceptables. Car la répartition de ce développement, de ses avantages et de ses coûts, est de plus en plus inégale. Et désormais, nous le savons, et nous sommes même capables de mesurer une bonne part de cette inégalité. Mais rien n'annonce la fin de ce scandale, bien au contraire.

---

[16] L'un des exemples les mieux argumentés de cette vision réductionniste du progrès au profit d'une minorité est celui de l'expérience indienne - qui s'appuie cependant sur une tentative réelle de démocratie - telle qu'elle est analysée notamment dans les ouvrages de Amit BADHURI, en particulier *Essays in the Reconstruction of Political Economy*, Aakar Books, Delhi, 2010.

Avantages et coûts : une répartition excessivement inégale

Première constatation inquiétante : même si nous analysons un modèle dit de « progrès », *les résultats de l'application de ce modèle ne comportent pas seulement des avantages, mais aussi des coûts ; or ces avantages et ces coûts sont très inégalement répartis parmi les « bénéficiaires » supposés de ce modèle.*

Certains avantages profitent à tous, ou au moins sont susceptibles de profiter à une majorité de membres des collectivités intéressées : je pense par exemple à la réduction globale de la misère la plus aiguë, notamment en matière d'alimentation (réduction qui est encore loin d'être satisfaisante, mais qui n'en est pas moins réelle), à la diffusion des moyens de la santé, de l'éducation et des transports, à la possibilité d'échanges internationaux, notamment culturels, et ainsi de suite.

De très nombreux éléments de ce progrès, cependant, révèlent des inégalités de diffusion et de répartition tellement profondes qu'ils font apparaître le « modèle de développement » le plus souvent pratiqué pour ce qu'il est en réalité, à savoir *un modèle au profit d'une minorité privilégiée*. Ce qui ne peut qu'aggraver les frustrations de la majorité. D'autant plus que la diffusion de ce modèle de développement s'appuie activement sur la tentation du *mimétisme,* elle-même intensifiée par les techniques de l'information, les images de la télévision, et la publicité généralisée jusque dans les villages les plus reculés.

Le processus dit de progrès ou de développement ne produit donc pas seulement des avantages, il produit aussi des coûts. Dans la théorie du modèle dominant fondé sur les mécanismes de marché, ces coûts sont supposés être pris en compte à travers le système des prix, et s'imposer ainsi à tout le monde de manière égale et impersonnelle (donc « neutre ») dans l'échange marchand (la satisfaction des besoins n'étant finalement dépendante que du seul pouvoir d'achat de chacun). Mais on constate aussi que beaucoup de productions profitent ainsi aux entreprises en quête de profit et aux consommateurs qui disposent du pouvoir d'achat nécessaire, mais pas aux autres, qui n'en disposent pas. De plus, de nombreux coûts de ces productions ne sont pas intégrés automatiquement au système des prix (la pollution de l'air, par exemple, l'épuisement des ressources, la dépendance extérieure accrue, les tensions sociales qui résultent d'inégalités excessives, et aussi les conditions de violence qui peuvent en résulter) : ces coûts sont donc imposés à tout le monde, même à ceux qui ne profitent nullement de ces produits. En outre, on voit apparaître des coûts généraux indirects de ces activités rentables. Ce sont en fait des conséquences non voulues de ces activités, mais qui ne sont pas combattues, parce que la majorité qui en souffre n'est pas de taille à faire valoir ses intérêts face à la minorité qui en profite : on pense par exemple à l'urbanisation anarchique et insalubre (mais les riches peuvent se réserver des quartiers mieux aménagés), aux conséquences du réchauffement climatique (ce sont les plus pauvres qui vont en souffrir davantage, parce qu'ils disposent de moins de capacités d'adaptation), aux risques et aux déchets du nucléaire et aux industries polluantes, et dans l'actualité récente, aux pressions migratoires accrues dont les conséquences sont de plus en plus considérables, sauf pour ceux qui ont les moyens de s'en protéger. On découvre alors que ces coûts ne peuvent plus décemment être considérés comme de simples « dégâts collatéraux » (comme disent les militaires) ou comme de simples « externalités négatives » (comme disent les économistes), mais qu'il faut les apprécier pour ce qu'ils sont en réalité :

de véritables drames sociaux, qui sont la contrepartie d'avantages réservés à des minorités, et qui auraient pu être évités.

Enfin, les inégalités de plus en plus accusées dans la répartition des avantages et des coûts d'activités spécifiques deviennent elles-mêmes un coût global pour la collectivité, dans la mesure où elles sont sources de déséquilibres, de frustrations, d'aliénation, d'exploitation, voire de violence. Faut-il considérer que ces coûts des inégalités sont inévitables et peut-être même nécessaires au progrès, comme l'affirment plus ou moins explicitement divers analystes prônant une certaine résignation (à l'usage des autres, mais pas d'eux-mêmes) ? Un tel raisonnement ne deviendrait défendable que si l'on pouvait montrer que les inégalités ne sont que provisoires, tout en permettant ensuite un progrès général ; or dans bien des cas, *ces inégalités se révèlent cumulatives plutôt que provisoires*, entraînant ainsi un écart sans cesse plus profond entre les groupes sociaux concernés, et sans espoir que cet écart puisse jamais être comblé. Ces inégalités tendent naturellement à être consolidées par leurs bénéficiaires, agissant dans leur propre intérêt : ce qui accentue encore les écarts. Mais dès lors, les « oubliés du développement » risquent de ne plus avoir droit au partage des avantages pour bien longtemps. Et qui s'en soucie, en somme, puisqu'ils ont de moins en moins le droit à la parole dans le débat collectif ?

Peut-on identifier les causes *profondes de ce phénomène d'accroissement cumulatif des inégalités ?* Elles sont certainement multiples, mais elles apparaissent surtout comme le résultat actuel d'une caractéristique très ancienne de la collectivité humaine : les hommes sont naturellement égoïstes et individualistes plus qu'ils ne sont altruistes et solidaires, et les cultures dans de nombreuses sociétés en sont largement imprégnées. Les mécanismes du marché sur lesquels se fonde le modèle dominant ont certes mis à profit ces caractéristiques naturelles, de manière intensive, mais ils s'en sont aussi trouvés confortés parce que l'importance des préoccupations économiques dans ce modèle, et notamment celles de l'économie marchande, ont contribué à façonner une véritable « culture », au sens d'un mode de vie reconnu comme souhaitable, autour de ces préoccupations dominantes.

J'ajoute un dernier point, que j'ai déjà évoqué au départ : le processus de développement doit être organisé et soutenu de manière permanente ; il n'est jamais automatique ni irréversible. Il y aurait un récit dramatique à écrire à propos de nombreuses « réussites » apparentes du développement qui se sont enlisées et n'apparaissent plus aujourd'hui que comme des échecs, ou même comme de profondes régressions, pour la simple raison que les responsables des décisions initiales se sont totalement désintéressés des résultats à plus longue échéance.

Des sociétés malades.

Il me semble pourtant que cette approche en termes d'avantages, de coûts, et d'inégalités de répartition demeure encore trop étroitement économique (dans ses préoccupations comme dans les termes qu'elle utilise), et qu'il faut élargir le diagnostic. Ce qui doit être analysé, si l'on va davantage au fond des choses, c'est que nous sommes désormais en face de *sociétés profondément malades*. Qu'est-ce à dire ? Dans la plus grande partie du monde, des sociétés devenues un temps dépendantes de l'Occident (durant l'époque coloniale, puis post-coloniale), ont aujourd'hui largement adopté des préoccupations, des comportements, des modes de vie, des techniques, des marchandises, des réseaux d'échanges et même des institutions, qui sont un héritage de cette période : ces « acquisitions » plus ou moins récentes sont restées mal adaptées à leur situation nouvelle, mais elles se sont aussi substituées à ce qui faisait auparavant leur originalité et leurs capacités créatives. D'où un mélange de mimétisme, d'ouverture à la mondialisation, mais aussi d'agressivité et même de violence lorsque les inégalités et les rapports de pouvoirs internationaux deviennent excessivement vexatoires. Quant à l'Occident lui-même, qui fut à l'origine de ces bouleversements dans les siècles les plus récents, la population s'y est globalement enrichie, mais sans parvenir à éliminer des formes extrêmes de misère pour une minorité qui reste importante ; par ailleurs, son prestige et sa domination sont déjà en recul dans le système qu'il avait créé, ses difficultés croissantes d'accès aux ressources de la planète deviennent inquiétantes, et lui-même vacille dans une accumulation de vertiges et de déséquilibres. Déséquilibres d'une économie de prédation, de gaspillage, d'appropriation, d'augmentation sans limite de la consommation et de la production, avec un endettement accéléré qui permet cette augmentation, mais qui n'est pas davantage maîtrisable et qui réduit les potentialités de l'avenir. Déséquilibres de relations sociales de plus en plus tendues par les inégalités, de plus en plus violentes, avec des menaces de plus en plus angoissantes parce que leurs manifestations demeurent imprévisibles (les années les plus récentes se sont particulièrement illustrées dans ce sens, et pas seulement à cause de l'islamisme politique). Vertiges d'une culture de plus en plus obsédée par l'économie et la finance, donc de plus en plus superficielle, matérialiste, réductionniste dans ses préoccupations, et finalement aliénée dans sa conscience des véritables enjeux de la condition humaine. Mais à la longue, les sociétés malades risquent de perdre leur capacité de retrouver leur propre santé…

Si l'on essaie de comprendre la vision actuelle du développement chez les gouvernants de la plupart des Etats-nations, ou plus largement chez la plupart des collectivités qui présentent un certain degré d'insertion dans le système mondial, et si l'on compare cette vision globale avec son degré de réalisation effective au sein des sociétés, on constate bien sûr un certain nombre de *progrès matériels,* on l'a dit (par exemple, dans certaines composantes du logement, de la santé, ou des possibilités de transports) ; mais ces progrès sont loin de couvrir tous les domaines, même si on se limite aux besoins essentiels. Les conditions de vie en milieu urbain, notamment, sont devenues ou restées particulièrement difficiles pour une majorité des habitants. Quand on y ajoute les contraintes qui pèsent désormais sur presque toutes les populations (par exemple sous la forme d'impôts, de difficultés de trouver un emploi rémunérateur, de remboursement de dettes, de rythmes de travail, d'insécurités militaires et de troubles politiques), on peut parler d'un large mouvement de *désillusion par rapport aux espoirs du développement*, et plus encore d'incertitudes angoissantes par rapport à l'avenir. Il faut donc cesser de parler du « développement » comme une sorte de processus automatique, assuré, irréversible, et relativement égalitaire : si l'on veut en conserver les avantages quand ils existent, il faut absolument en réduire les coûts et les répartir de manière plus équitable, mais il faut aussi transformer en profondeur l'utopie matérialiste et irresponsable sur laquelle ces sociétés continuent de s'appuyer.

La critique d'ensemble esquissée au début de ce chapitre n'avait pas d'autre objectif. Car globalement, on peut trouver inacceptable un processus dit de « développement » qui, à côté de bénéfices indéniables (souvent réservés à une minorité, on l'a dit, notamment dans les sociétés les plus pauvres), engendre aujourd'hui tellement de coûts, de frustrations, et même de misères dramatiques, le tout à une période où la richesse accumulée sur la planète, et plus encore les potentialités des technologies disponibles, devraient suffire – et de très loin – à satisfaire la totalité des besoins essentiels de l'humanité. *Il y a donc une multiplicité de problèmes graves qui se révèlent de manière de plus en plus indéniable, à la fois dans le contenu et dans la diffusion actuelle du « développement » : la réflexion critique évoquée ci-dessus est plus que jamais indispensable à l'échelle de l'ensemble de la collectivité humaine, dans les pays les plus riches comme dans les pays les plus pauvres.*

Pour toutes ces raisons, il me semble indispensable – « humainement » indispensable, au sens le plus profond et le plus large du terme – que la population de la planète rassemble davantage ses forces vers une amélioration générale de sa condition. Et inversement, il me paraît inacceptable de se résigner et d'abandonner cette exigence de progrès dans l'organisation de nos sociétés, sous prétexte qu'elle est utopique, irréaliste et impossible, ou encore parce qu'elle est combattue - de manière souvent excessivement simpliste - par des courants de pensée récents au nom de la lucidité, voire de la sobriété.

Une difficulté centrale : l'ambiguïté « systémique » de la notion de développement.

Le développement peut donc être perçu comme une perspective fondamentale pour la condition humaine, réclamant une approche globale, multidimensionnelle et diversifiée, supposant des choix politiques et des choix technico-économiques difficiles, mais humainement nécessaires, et particulièrement indispensables dans les conditions actuelles. Mais la critique que l'on vient d'esquisser montre que cette perspective est sans doute beaucoup plus complexe et moins assurée du succès qu'on ne l'avait pensé. Il ne suffit pas de constater les obstacles, il faut aussi en comprendre les raisons profondes. D'où la nécessité de tenir compte d'un écueil supplémentaire dans la mise en œuvre du processus de développement, qui en constitue même une difficulté centrale : c'est l'*ambiguïté originelle* qui affecte ce terme. Pourquoi ?

En l'absence de toute définition consensuelle, on l'a déjà souligné, il est difficile de trouver un terme plus vague dans tout le vocabulaire des sciences sociales ; et chacun lui attribue une signification particulière qu'il ne jugeait pas nécessaire d'expliciter. Ce fut le cas durant plusieurs années lorsque le terme le « développement » fit une apparition tardive (après la seconde guerre mondiale, en fait, même si des pionniers comme Joseph Schumpeter avaient déjà employé le mot au début des années 30[17]). Mais ce fut encore le cas, dans une période plus récente, où de nombreux auteurs, et surtout diverses organisations

---

[17] Un premier ouvrage fut publié par Joseph SCHUMPETER en 1912, sous le titre *« Theorie des Wirtschaflichen Entwicklung »* (Théorie du développement économique), publié en francais en 1937. Mais, si l'on en croit Wikipedia, le texte fondateur de sa notion de « développement » s'appelle simplement *« Entwicklung »* (texte écrit en 1932, mais re-découvert bien plus tard dans des archives).

internationales, décidèrent d'adjoindre à ce terme des adjectifs qui étaient supposés le qualifier et le préciser (développement humain, social, endogène, durable, participatif, etc.). Cependant, ces adjectifs n'étaient pas eux-mêmes définis et ajoutaient souvent à la confusion.

L'origine principale de la confusion, cependant, doit encore être cherchée ailleurs. Les Nations Unies et les organisations qui ont accompagné leur naissance, puis et surtout les grandes puissances qui étaient à l'origine, à partir de 1944, de la formation d'un réseau international de pays industrialisés ou « avancés », s'attelèrent peu à peu à la construction d'un véritable *système économique mondial de développement*. Ce système était fait de pays membres et d'organisations mondiales spécialisées, mais surtout de règles et de pratiques de fonctionnement dont le but était d'étendre peu à peu l'espace de l'économie moderne à l'ensemble des pays de la planète, selon des normes qui étaient évidemment celles de l'économie de marché : jeu de confrontation entre les seuls intérêts particuliers, expansion indéfinie de la production et de l'échange, ambition permanente d'accumulation, calcul économique par l'intermédiaire d'un système de prix anonyme, généralisation de la concurrence, règles de la demande solvable, critère ultime de la maximisation du profit, absence de régulation collective, notamment dans le domaine financier, alors que celui-ci prétendait - et prétend plus que jamais - dicter ses normes à l'ensemble de l'activité économique. Ainsi, le « développement » dont il s'agissait d'assurer la promotion pour le système international institutionnalisé à partir de 1944 était naturellement celui de cette économie de marché en voie de mondialisation, avec les centres de pouvoir, les rapports de forces et les inégalités qui le caractérisaient au départ, même si ces caractéristiques structurelles allaient se transformer peu à peu.

La nature de ce système mondial, fondé sur l'économie de marché et répondant en priorité aux intérêts des pays les plus « avancés » (selon les critères de demande solvable de ce système lui-même, bien entendu) a été maintes fois décrite et analysée, et je ne vais pas en reprendre ici la critique. Je veux seulement souligner la conséquence qui en découle quant à la vision globale du progrès et quant aux priorités d'emploi des ressources nationales et internationales pour l'ensemble de la planète : *c'est le mode de développement propre à ce système, et diffusé par lui, qui devient la conception dominante du progrès dans le monde, sinon même la seule conception acceptable - d'où l'idée de « pensée unique » - de ce progrès*. Dès lors, la seule perspective possible de développement, pour les pays que l'on appelait jadis « sous-développés », a consisté à organiser pour eux-mêmes *l'imitation et le rattrapage* des pays dits « avancés ». D'où l'ambiguïté profonde des idées et des propositions vis-à-vis d'un processus de développement entendu simultanément sous deux définitions qui ne devraient pas être confondues : d'une part, l'ambition très large de progrès de toutes les sociétés du monde, cherchant légitimement à améliorer leur sort ; d'autre part, l'acceptation des règles d'un mode de développement historiquement dominant, celui du système mondial actuel, qui se fonde sur la seule économie de marché et qui assure la primauté des intérêts occidentaux et d'une minorité privilégiée. Il n'en faut pas davantage pour nourrir dans le monde une défiance croissante à l'égard de cette ambiguïté.

La solution, si elle existe, doit être recherchée dans l'une des caractéristiques fondamentales du processus de développement qui ont été exposées plus haut : celle qui consiste justement à explorer et à analyser la *diversité* idéologique, sociale et culturelle des modes de développement envisageables, et à se demander à partir de quels *choix* cette diversité peut être peu à peu clarifiée et rationalisée. En supposant que les collectivités concernées sont effectivement disposées à prononcer elles-mêmes de tels choix, sans en abandonner l'initiative à des puissances extérieures, qui ne seront sans doute pas désintéressées.

La simple description de la diversité de ces éléments et de ces choix, par opposition à ceux que l'on synthétise sous le terme global d'économie de marché, pourrait faire l'objet d'un long commentaire, mais je veux me limiter ici à l'essentiel. L'essentiel, que j'ai déjà évoqué au départ de ce chapitre, c'est d'abord d'admettre la *multiplicité des dimensions* possibles de ce qu'on appelle le progrès des sociétés. Le progrès n'est pas seulement celui du bien-être matériel, et donc celui de l'accumulation des technologies, des équipements et des marchandises considérées comme utiles pour ce bien-être matériel ; il est fait aussi de bien-être psychologique, de paix et de sécurité, de relations sociales satisfaisantes et même éthiquement justes, d'ouverture aux préoccupations au-delà du matérialisme ; et également de respect pour les ressources naturelles et leur conservation à longue échéance, ne serait-ce que pour assurer aux générations qui nous suivront la possibilité d'une société au moins aussi satisfaisante que la nôtre.

La conception d'une stratégie de développement concrète suppose que l'on accorde à chacun de ces domaines à la fois une pondération spécifique et une position d'interdépendance avec tous les autres. Mais ce n'est pas tout : il faut se défaire du *critère simpliste de la maximisation* des quantités de biens et services qu'il s'agirait d'accumuler. Au sein de chacun de ces domaines, le défi n'est pas celui d'une production et d'une accumulation maximales, mesurées par leur valeur monétaire, mais celui de la disponibilité d'un assortiment de biens et services combinés à des équipements, des règles de vie et des modalités de relations sociales qui assurent *la satisfaction la plus grande possible pour le plus grand nombre,* dans le respect des *règles éthiques de la condition humaine acceptées par la collectivité concernée.*

Si les possibilités de diversité dans la conception du progrès sont tellement nombreuses, la conséquence la plus évidente est aussi *l'abandon nécessaire d'un autre critère simpliste, celui de l'« optimisation »* (souvent invoqué par les économistes). On peut optimiser l'adaptation d'un ensemble de moyens par rapport à des objectifs préalablement définis, bien sûr ; mais si l'on admet la nécessité des choix de finalités évoqués plus haut, il n'existe pas, et il ne peut exister, d'« optimum absolu » dans les stratégies de développement qui pourrait être recherché au niveau mondial. Et en particulier, l'imitation automatique des pays « avancés » n'est certainement pas optimale. Au contraire, il faut ré-affirmer qu'une stratégie de progrès est faite de choix politiques et technico-économiques quant à ses multiples composantes, en fonction du type de société que chacune des collectivités concernées souhaite promouvoir, et en fonction aussi, bien sûr, de la nature des problèmes pratiques de réalisation qu'elle va rencontrer, compte tenu de ses ressources, de sa géographie, de la structure de sa population, etc.

Est-il bien nécessaire de répéter de telles banalités ? J'entends l'objection, et je demande pardon au lecteur d'énoncer, encore une fois, ce qui peut apparaître comme une liste d'évidences, et qui à première vue ne devrait soulever aucune opposition sérieuse. Mais je fais remarquer que, dans le système mondial actuel, *chacune de ces exigences évidentes est radicalement contredite par les caractéristiques actuelles de notre organisation sociale et de notre recherche du progrès.*

Je reviens alors sur la *contrainte que constitue* le *système mondial dominant,* pour souligner que son importance pratique résulte, justement, du fait que son existence conditionne la plupart des choix qui viennent d'être évoqués, dans la majorité des pays du monde aujourd'hui. Et que ce sont les rapports de forces entre groupes d'intérêts, nationaux et internationaux, au sein de ce système, qui aujourd'hui commandent étroitement les choix cruciaux prononcés par ces pays. Par exemple : en matière de production et de consommation (recherche de la croissance maximale), d'investissement (prédominance de l'investissement privé, affirmée de manière absolue, par exemple, dans les statuts originaires de la Banque mondiale, que l'on a mentionnés plus haut), d'échanges internationaux (libre-échange maximal), de protection de la propriété privée, de prédominance du capital (et donc des actionnaires) sur le travail dans le partage de la valeur ajoutée, de prédominance systématique des relations de compétition sur les relations de solidarité, et ainsi de suite. Si l'on critique aujourd'hui les caractéristiques de société qui résultent de ce mode de développement dominant, c'est évidemment à ces choix fondamentaux, à leur mode de préparation et à leurs critères de décision qu'il faut s'en prendre.

Quelle réflexion critique ?

Les caractéristiques qui viennent d'être soulignées suffisent à dégager l'exigence de base pour la réflexion sur le développement, celle d'une *approche critique systématique de la notion de développement.* Cette exigence de base s'applique évidemment aux *stratégies* mises en œuvre pratiquement, mais aussi à ce qui a déjà été rappelé à la fin de la partie précédente (parce que ce fut la préoccupation centrale de ma vie professionnelle), à savoir *l'enseignement et la recherche sur le développement : c'est un domaine de la pensée qui ne peut progresser que s'il est nourri, à la fois, par l'histoire et par la réflexion critique.* Et la principale exigence de cette approche critique est sans doute celle d'une attitude de recul, de prise de distance, par rapport aux conceptions aujourd'hui dominantes ; elle est ensuite celle d'un effort de reconstruction positive, pour tenter de contribuer à cette nécessité évidente de renouveau. Mais sur quelles bases ?

Critique de quoi ?

Une remarque générale, au départ : l'objet de cette réflexion critique ne porte pas d'abord sur *l'économie* ou sur une théorie économique particulière [18] . Elle se préoccupe, beaucoup plus globalement, de la *société* engendrée par l'approche aujourd'hui dominante du développement et de ses caractéristiques. C'est donc bien une vision globale dont nous avons besoin, plutôt que d'une vision centrée sur une discipline spécifique et, a fortiori, sur une branche d'activité ou sur une théorie

---

[18] L'actuel ministre de l'économie en France, M. Macron, a certainement tort lorsqu'il affirme dans une récente interview, à propos du populisme et du terrorisme : « La réponse est économique » (*Le Monde*, 7 janvier 2016).

particulière. Mais c'est aussi une critique plus profonde, une réflexion qui tente d'aller au fond des choses, surtout lorsqu'elles ne sont habituellement pas formulées : c'est une approche qui devrait s'interroger - si l'on me permet ce terme un peu prétentieux - sur *l'impensé* de la notion de développement telle qu'elle est présentée aujourd'hui. Je retrouve d'ailleurs sur ce point une conviction intellectuelle qui s'est imposée à moi depuis bien longtemps : l'acuité de notre compréhension d'un phénomène, et particulièrement d'un phénomène social, dépend évidemment de la nature de l'appareil de concepts et de raisonnements que nous utilisons pour le comprendre, et de son adéquation plus ou moins grande à la compréhension des phénomènes observés. C'est bien la raison pour laquelle l'analyse du processus de développement ne peut jamais se contenter d'aligner des faits, aussi importants soient-ils : elle doit aussi se donner des concepts et des modes de raisonnement - c'est-à-dire une approche théorique - appropriée aux faits analysés et à leurs relations d'interdépendance. Et *puisque les faits changent tout le temps, la théorie doit être sans cesse renouvelée.* Mais ce n'est évidemment pas l'opinion de la « sagesse dominante » au sein de la corporation des économistes.

Je vais plus loin encore dans l'explication de cette exigence de la recherche d'une société différente, parce que ce thème est à la fois difficile et peu traité comme tel par les économistes et autres experts qui s'occupent de stratégies. Il soulève *une question de méthode*, qui peut paraître abstraite à première vue, mais dont on voit bientôt qu'elle a des conséquences très concrètes sur cette recherche. Car il ne s'agit pas seulement de se donner *un certain nombre d'objectifs concrets* tirés d'une liste préétablie, simples à comprendre, cohérents les uns avec les autres, quantifiés suivant des recettes bien connues, selon une approche homogène qui serait commune à toutes les sociétés humaines : c'est bien dans ce sens que vont les recommandations de la plupart des économistes et des organisations internationales. Mais en réalité et plus profondément, il s'agit de découvrir *un mode de vivre ensemble* que chacune des sociétés à la recherche de ces stratégies croit désirable, non pas dans l'abstrait, mais pour elle-même, parce qu'elle comprend plus ou moins confusément que ce mode répond à ses aspirations profondes, et même à une somme d'intuitions et de désirs conscients ou inconscients. Il s'agit, en d'autres termes, d'organiser – dans le mesure du possible – une véritable maîtrise « existentielle » du processus de changement et de progrès social que la société souhaite, à travers une combinaison de mesures économiques, sociales, politiques, écologiques, culturelles qu'elle va rendre progressivement cohérentes les unes avec les autres. Ou, pour trouver encore d'autres mots pour définir un mode de maîtrise que les praticiens ne sont guère habitués à décrire ou même simplement à prendre en considération, il s'agit de *maîtriser le « schéma logique » sous-jacent à la stratégie sociale* que l'on tente de mettre en œuvre, en comprenant mieux les rapports d'interdépendance entre ces composantes économiques, politiques, sociales et culturelles ; en comprenant, aussi, que les liens d'interdépendance entre ces composantes sont souvent imposées de l'extérieur, si l'on n'y prend pas garde, parce qu'elles sont celles d'une *logique systémique*. C'est le cas, par exemple, lorsque l'on observe que le succès d'une économie de marché est lié à l'appropriation habituelle de la richesse par ses bénéficiaires, alors que celui d'une économie publique n'a pas besoin d'une telle appropriation et implique au contraire le sens du service public, du partage et de la solidarité. Encore faut-il que ces termes de « service public », de « partage » et de « solidarité » soient vraiment compris et appliqués dans leur sens originel : je parle ici d'une économie qui deviendrait véritablement publique, et non pas de celle de l'URSS qui n'était finalement qu'une course au pouvoir entre des intérêts particuliers et qui, sous le slogan de « dictature du prolétariat », a sombré en tant que modèle d'économie collective, pour déboucher finalement sur le triomphe indécent d'une minorité oligarchique.

D'où, à nouveau, l'importance des observations proposées ci-dessus sur la contrainte considérable qui est exercée aujourd'hui, sur toutes les sociétés, par un système mondial aux pouvoirs « tentaculaires ». Ce système est donc capable d'imposer sa propre logique systémique aux sociétés qui entretiennent des rapports avec lui, c'est-à-dire à quasiment tous les Etats du monde. Sauf à disposer d'un pouvoir considérable au sein de ce système mondial - pouvoir réservé à quelques grandes puissances ou groupes de pays riches, mais certainement pas aux plus faibles -, la plupart de ces Etats sont donc soumis à des pressions insistantes (et assorties, elles, de sanctions dissuasives) pour se rapprocher au maximum du libre échange, de l'équilibre de leur balance de paiements extérieurs, du règlement de leurs dettes, de l'équilibre budgétaire, de la privatisation maximale de l'activité économique, du respect de la concurrence sans possibilité de protection, de la maximisation des gains des actionnaires, et ainsi de suite. On en verra quelques exemples dans le chapitre suivant.

Rejet de l'économisme et autres exigences

Cela dit, il va de soi que *l'économisme,* la priorité systématique et impérieuse accordée aux préoccupations économiques, dans l'approche actuellement dominante du développement, est l'une des premières caractéristiques générales à laquelle il va falloir s'attaquer, en repensant la position souhaitable, subordonnée, qu'il faudrait réserver aux préoccupations économiques dans cette reconstruction. J'ai suggéré, plus haut, que cette position pouvait être modifiée au moins dans deux directions : d'abord, par l'étude des rapports entre les multiples dimensions (économiques, sociales, écologiques, culturelles, géographiques, et surtout politiques) du progrès nécessaire ; ensuite, par la réflexion sur un modèle d'économie non marchande qui viendrait élargir les références trop étroites de l'économie de marché.

Mais il y a bien d'autres exigences aussi sur lesquelles il faut revenir. Je pense notamment aux suivantes, qui ont déjà été évoquées dans les pages qui précèdent :

- C'est d'abord un principe de base : dans toute cette démarche de construction du développement ou du progrès, ce qui importe, c'est *une idée générale de la société que l'on veut promouvoir,* ou plutôt des souhaits quant aux caractéristiques d'une telle société, ses dimensions essentielles, ses priorités : c'est-à-dire une conception des finalités générales que l'on veut atteindre, même si la fixation des objectifs précis ne peut être élaborée que peu à peu, lorsque les décideurs auront pris une conscience plus claire des contraintes qui pèsent sur leur projet d'ensemble. Dans le vocabulaire que j'ai proposé ici, cette exigence signifie que l'approche du développement doit se préoccuper d'abord des grands choix politiques de ces finalités générales, avant d'étudier les choix technico-économiques qui n'ont de sens, justement, que par rapports aux buts que l'on veut atteindre. Cette primauté nécessaire du politique est bien la critique la plus fondamentale qui peut être formulée contre l'économisme : mais celui-ci demeure aujourd'hui l'attitude la plus répandue chez les décideurs. Pire : on peut même parler, à propos de cette approche dominante du développement et du progrès, d'une *sorte d'inversion des préoccupations prioritaires* : ce sont les considérations relatives aux *moyens* qui ont pris toute la place, aux dépens des préoccupations de *valeurs, de finalités et d'objectifs*. Pourquoi ? Probablement en raison de la prétention du système mondial à imposer une conception unique, présentée comme optimale, de la nature du progrès humain à promouvoir ; et aussi, plus techniquement, en raison de l'habitude de comparer les objectifs en termes de prix plutôt que directement en termes d'utilité.

- C'est ensuite - en raison d'ailleurs de ce qui vient d'être rappelé sur le système mondial - l'idée de la *liberté nécessaire*, ou au moins de *l'autonomie,* des collectivités dans ces choix relatifs à leur propre organisation, parce que la liberté est une exigence fondamentale de la condition humaine, sous réserve des exigences de l'ordre public, et parce qu'il n'y a pas de raison, dans l'organisation du « vivre ensemble » des hommes, que certains individus, certains groupes sociaux, ou certaines collectivités imposent à d'autres leurs propres choix d'organisation. La démocratie n'est certes pas toujours praticable dans tous les domaines et dans toutes les décisions qu'ils impliquent : l'exemple nouveau du changement climatique nous apprend que l'urgence de certaines décisions pour la sauvegarde d'équilibres fondamentaux sur la planète est une priorité qui doit prévaloir, au moins dans certains cas, sur le respect formel d'une démocratie parfaite au niveau mondial. Mais cette primauté laisse un champ considérable ouvert à la liberté et à l'autonomie des collectivités nationales ou locales. Or l'une des idées les plus obstinément ancrées chez les partisans de l'approche actuellement dominante du développement – sur le plan pratique, même lorsque l'on affirme le contraire – est que ce processus de développement est, et doit rester, fondamentalement dépendant de stimulations, de ressources et d'interventions extérieures (et en particulier des flux financiers internationaux). Pourquoi admettre cette dictature extérieure qui, encore une fois, n'est autre que celle du système mondial et des intérêts prioritaires qu'il défend ?

• C'est aussi la conséquence du fait que le développement concerne d'abord la condition humaine : il doit être axé sur les hommes et sur le bien-être des *gens*, plutôt que sur le respect des dernières théories en vigueur, ou pire encore, sur les seules exigences de la cohérence arithmétique entre des agrégats comptables. En d'autres termes, les *relations entre les groupes sociaux* en présence - même dans une société encore assez éloignée des pratiques de la modernité, comme l'était celle de l'Uele que j'ai évoquée au chapitre I – me paraissent constituer un élément plus important pour la construction d'une société nouvelle, que les agrégats de comptabilité nationale ou les calculs de rentabilité sectorielle plus ou moins discutables qu'on essaie parfois d'y appliquer de manière purement formelle. Je ne veux pas être mal compris : je ne prétends pas que le calcul et le raisonnement économiques soient inutiles dans l'analyse de ces sociétés existantes ou à construire, bien au contraire ; je dis seulement que ces approches économiques ne prennent leur sens que quand on les applique à des groupes humains concrets dont on a étudié les ambitions, les désirs, les capacités, les faiblesses, et les relations d'interdépendance entre eux. Mais ce n'est pas ce dont se préoccupent la plupart des gouvernements et des organisations internationales dans le monde lorsqu'ils préparent des stratégies de développement. Encore une fois : pourquoi ?

- En toute hypothèse, le progrès des sociétés et les changements sociaux qu'il implique ne peuvent être appréciés que dans la *longue durée,* et ce sont donc bien des stratégies de longue échéance qui sont nécessaires (sans préjudice des multiples défis qui peuvent apparaître dans l'urgence - notamment en cas de guerres et de catastrophes naturelles – réclamant le plus souvent une réponse qui ne peut attendre). Mais on sait que l'histoire est souvent interprétée en termes idéologiques, et qu'on y projette vers l'avenir des conceptions du monde qui sont seulement celles d'une minorité et d'une époque particulière ; on a vu aussi que notre capacité prospective sur la longue durée n'est actuellement pas très considérable.

- Dernier point : le monde a changé dans la période la plus récente, et de *nouveaux défis* sont apparus. Il s'agit notamment : (a) d'*échecs* multiples des stratégies de développement « ordinaires », échecs à peine masqués par d'illusoires taux de croissance globaux (c'est le cas dans beaucoup de pays d'Afrique, déchirés par l'insécurité et les conflits sociaux, mais aussi dans de grands pays d'Amérique latine) ; (b) de *diverses oppositions radicales,* souvent de nature religieuse, et des menaces sur la sécurité physique qui en résultent : on sait que ces oppositions sont devenues particulièrement actives et prolifèrent actuellement dans divers pays, en particulier de culture musulmane ; (c) d'objections de plus en plus fortes, avancées par divers partenaires, à l'encontre de la *mondialisation,* notamment en ce qui concerne la recherche d'une liberté sans aucune entrave dans les échanges internationaux qui était voulue par divers acteurs dominants, ou de nouvelles ambitions affirmées d'un retour vers davantage de *souveraineté nationale* (encore qu'il soit trop tôt pour parler dès à présent d'un véritable mouvement de dé-mondialisation).

Poursuivre la réflexion plutôt que prétendre la conclure

Ainsi, l'élargissement d'une conception qui demeure aujourd'hui excessivement centrée sur un économisme étroit, apparaît donc bien comme l'une des premières exigences auxquelles devra répondre une approche plus positive des stratégies de développement. Et le problème dépasse largement celui de l'économisme : la conception traditionnelle du développement a fait long feu dans de très nombreux pays, si l'on admet que l'enrichissement matériel d'une minorité par la marchandise, et celle, corrélative, de quelques grandes firmes étrangères, ne constitue pas un indice satisfaisant de réel progrès pour la majorité des populations. Faut-il donc rappeler une nouvelle fois que *ce sont ces populations et leurs conditions de vie qui constituent les destinataires essentiels des stratégies de progrès,* et non pas le profit de quelques privilégiés ou l'accroissement illusoire de quelques agrégats statistiques discutables ? Et que le mécontentement croissant à l'égard du progrès imposé, exprimé par une partie de plus en plus importante de la population mondiale, constitue ainsi un phénomène inquiétant qu'il ne sera sans doute pas permis d'ignorer indéfiniment, comme en témoignent divers soubresauts du monde que nous avons sous les yeux (de l'islamisme radical au « Brexit », en passant par l'extension du chômage).

Cependant, si l'exigence de critique radicale vis-à-vis de l'économisme demeure essentielle, je dois avouer mon insatisfaction au terme de cette esquisse de réflexion d'ensemble sur la notion de développement. J'ai tenté de synthétiser, sommairement, ce qui m'avait toujours paru le plus important dans cette critique, tout au long de mon parcours. Mais je suis le premier à admettre maintenant que cette critique demeure insuffisante. Qu'elle suggère des orientations de réflexion et d'action, certes, mais qu'il faut encore l'approfondir et l'élargir pour qu'elle se concrétise. Qu'elle ne peut pas se réduire à un simple rappel des « besoins essentiels » ou des « droits de l'homme » traditionnels, même si l'on mentionne les contraintes impressionnantes qui s'y opposent. Qu'il faut préciser, plus profondément - c'est-à-dire à partir d'une réflexion ancrée au cœur même de chacune des sociétés concernées - ce que j'ai appelé plus haut les « logiques systémiques », les « impensés » et les « interdépendances » qui s'y dissimulent, et qui expliquent sans doute le caractère caricatural et inacceptable de certaines évolutions parmi les plus cruciales de notre monde. Qu'il faudra donc une réflexion et une capacité d'action bien plus radicales pour prétendre maîtriser et transformer de telles évolutions.

Je ne veux donc pas terminer ce bref tableau de la problématique générale du développement par une affirmation simpliste, qu'il s'agisse d'une condamnation sans appel ou d'un bilan « globalement positif ». Ce que je sais, c'est que la réflexion de ceux qui tentent de comprendre les exigences du progrès humain et de sa mise en œuvre est très loin d'être achevée : les « anciens » dans cette tradition de pensée vont passer la main à une génération de chercheurs et d'acteurs qui sera, espérons-le, plus imaginative et plus efficace que la nôtre.

Si la réflexion globale sur le développement est loin de son terme, je ne vais donc pas essayer d'en proposer ici une conclusion. Dans le chapitre suivant, je me contenterai de la poursuivre modestement, pour ma part, à partir de quelques exemples actuels, pour suggérer que les exigences de méthode abordées dans cet ouvrage ne sont pas seulement celles du passé et du présent, mais aussi celles de l'avenir.

Auparavant, je voudrais cependant soulever encore deux questions qui me paraissent liées à la notion générale de développement et à sa critique :

• La première n'est qu'une conséquence de l'insistance maintes fois soulignée, dans ce chapitre, sur le fait que le progrès des sociétés implique des *choix de priorités,* qu'aucune stratégie dans une aucune collectivité ne peut prétendre s'attaquer à tous les domaines à la fois, résoudre tous les problèmes de société en même temps, satisfaire également les revendications de tous les groupes sociaux. Bien des discours politiques annoncent sans complexe une promesse aussi globale, certes, mais on ne peut guère les prendre au sérieux. L'un des problèmes d'organisation les plus difficiles qui soient soumis aux responsables des stratégies de développement est ainsi : comment définir de telles priorités ? qui décide de telles priorités ? sur la base de quels critères ? Il n'y a certes pas de réponses toutes faites à des questions aussi difficiles, et moins encore de « recettes » uniformisables. On ne pourra donc y répondre précisément ici ; mais il me paraît essentiel, dans le cadre de cette critique globale du développement, d'essayer de montrer comment ce problème se pose, par quelle démarche on peut essayer de l'approcher, et d'éviter ainsi les illusions et les déceptions tellement fréquentes dans ces expériences, si l'on veut rester attaché à la notion d'intérêt général.

- La deuxième est tout aussi complexe, mais beaucoup moins générale que la première ; elle peut cependant être analysée comme l'une des difficultés nouvelles, parfois très aiguës, de la nécessité de ce choix de priorités évoquée dans la première question. Elle s'appuie sur des évènements récents dans le monde, qui procèdent d'une certaine résurgence de la *dimension religieuse* dans le débat des sociétés sur leur avenir, et plus particulièrement sur l'émergence récente de ce que l'on appelle aujourd'hui « l'Islam politique ». La question que soulève cette résurgence est celle de l'attitude à adopter à son égard dans les sociétés concernées : faut-il tenter de la proscrire, ou au moins de la limiter autant que possible, au nom de ce que l'on appelle en France la « laïcité » ? Ou faut-il au contraire en admettre la légitimité sociale, en essayant d'éviter à cette occasion les dérives et les abus dont le monde contemporain souffre de manière aiguë depuis quelques années ?

Les choix politiques des grandes priorités : existent-ils ? qui les prononce ? sur quelles bases ?

La nécessité de choisir des priorités dans les stratégies de développement découle de toutes les considérations générales qui précèdent. Mais elle soulève un problème de fond particulièrement difficile. Le terme lui-même est d'ailleurs ambigu, et les économistes ne se risquent généralement pas à en proposer une définition[19]. Qu'est-ce

[19] L'une des premières « discussions » (plutôt que « définitions ») de cette notion de « priorité » que j'ai trouvées, cependant, au moment où je travaillais sur des questions de planification au Congo, figurait - paradoxalement - dans un ouvrage américain sur la défense nationale,

qu'une « priorité », en définitive, et quelles sont les conséquences du fait de considérer un objectif comme une priorité ?

- faut-il le réaliser avant tous les autres, ou au moins en commencer la réalisation avant tous les autres ? cela n'aurait guère de sens, si l'on prend en compte la complexité des interdépendances entre les objectifs multiples d'une stratégie ;

- faut-il lui accorder la plus généreuse des dotations consenties au sein d'un budget donné ? cela n'aurait guère de sens non plus, parce que les besoins sociaux les plus importants ne sont pas nécessairement ceux dont la satisfaction coûte le plus cher[20] ;

- faut-il considérer le secteur ou l'objectif déclaré prioritaire comme le dernier à devoir subir des

---

écrit par deux économistes collaborateurs de Robert McNamara : voir Charles J. HITCH and Roland N. McKEAN, *The Economics of Defense in the Nuclear Age,* Harvard University Press, 1967 (particulièrement pages 122-123). Je n'ai guère retrouvé d'approche comparable dans les réflexions de planificateurs sur lesquelles j'ai travaillé ultérieurement. Mais je veux tout de même évoquer les travaux américains sur le « Planning-Programming-Budgeting System » (PPBS) des mêmes années. Et aussi les travaux quelque peu comparables menés en France sous l'appellation de « Rationalité des Choix Budgétaires » (RCB) à la même époque, mais qui ont pratiquement été oubliés depuis, pour des raisons qu'il serait intéressant d'analyser.

[20] D'où une ambiguïté très fréquente dans la discussion des plans et budgets d'investissements dans le pays à économie primaire : l'agriculture y est souvent le secteur réclamant le développement le plus urgent, mais ce développement y est souvent plus dépendant de l'infrastructure, de politiques de prix, ou de mesures d'organisation des marchés, que d'un investissement massif dans l'agriculture elle-même.

« ajustements » en cas de réduction imprévue des ressources disponibles ? mais encore une fois, pour des raisons d'interdépendances entre les activités, ce n'est pas aussi simple ;

- ou faut-il, comme l'apprend la théorie marginaliste, raisonner en termes d'utilité marginale due la dernière unité monétaire dépensée dans chaque secteur sur le budget global ? mais comment cette utilité se calcule-t-elle à propos de programmes complexes, et à partir de données de prix imparfaites ou incomplètes ?

Je ne poursuis pas ce jeu : manifestement, il fournit de multiples éléments partiels de réponse, et sans doute des éléments qui peuvent être très satisfaisants, ou au moins raisonnablement suffisants, dans les problèmes de choix soumis aux ingénieurs ; mais ces éléments restent approximatifs, et donc frustrants, lorsqu'il s'agit d'objectifs généraux dont la définition ne peut pas être purement quantitative.

Si, dans une perspective plus directement pratique et réaliste, on cherche plutôt à comprendre, non plus les définitions conceptuelles ou les approches théoriques, mais la démarche pragmatique des responsables politiques effectivement confrontés à des choix budgétaires, on peut essayer de formuler plus concrètement le problème posé, par exemple dans les termes suivants. Dans l'élaboration d'ensemble d'une politique de développement, quelle *pondération relative* accorder aux différents problèmes de développement que cette politique souhaite aborder : quelle place accorder, par exemple, aux problèmes d'organisation de la santé publique et à la rémunération du personnel concerné par la mise en œuvre de cette politique de santé, et quel montant de ressources y consacrer, dans le cadre d'une politique d'ensemble[21]. Cette question implique, bien sûr, une *approche globale* des politiques publiques. Parler de « pondération relative » ou, plus clairement encore, de *« priorités »,* suppose que l'on s'interroge sur les rapports entre telle politique et les politiques dans les autres domaines : la question se relie donc bien, en fait, à ce que l'on appelait jadis la « planification du développement », et qui a aujourd'hui presque totalement disparu. J'ai évoqué précédemment les désillusions multiples engendrées par cette notion, et je ne propose nullement de revenir aux procédures qui ont échoué dans le passé. Reste que le problème pratique se pose aux responsables politiques qui doivent décider d'un budget : de quoi va dépendre, en définitive, cette pondération relative, et comment procéder si on croit devoir la modifier, pour en accroître ou pour en réduire l'importance ?

Admettons dès le départ qu'il n'y a évidemment pas de réponse technocratique prédéterminée à cette question, justement parce qu'il s'agit d'un choix politique de finalités à insérer parmi d'autres finalités. On doit étudier, certes, les relations objectives existant entre la finalité en question et les autres finalités considérées (en se demandant, par exemple, comment les éléments d'une politique de santé vont dépendre des choix prononcés dans d'autres politiques, en matière d'urbanisation, d'industrialisation, ou d'autres domaines ; ou comment ces éléments relatifs à la santé vont eux-mêmes avoir un

[21] Je choisis cet exemple en raison d'un article à paraître qui vient de m'être communiqué par son auteur, et qui soulève justement avec force cette question, même si c'est de manière implicite : Odile FRANK, « Social Protection, Universal Health Coverage, and Human Dignity : the Role of the Workforce in Social Development », NGO Forum for Health, to be published in the *Newsletter of the International Council for Social Welfare,* 5 pages, March 2016.

impact sur ces autres politiques, notamment en matière de prix de revient ou d'accroissement de productivité). Il reste, cependant, que la santé peut et doit être considérée comme une valeur « finale » en elle-même, indépendamment de son rôle instrumental, et que son importance relative dans un ensemble fait donc l'objet d'un *jugement de valeurs qui échappe aux règles de la rationalité instrumentale.*

Comment raisonner sur ce genre de questionnement, qui n'est autre que le pain quotidien des décideurs politiques, ou au moins celui des instances de coordination entre ces différents décideurs politiques ? Faut-il considérer que ce choix reste inévitablement arbitraire ? Faut-il s'en remettre aux indications des seuls technocrates, et sur quelle base ? Faut-il multiplier les consultations populaires sur toutes les questions abordées ? Je crois qu'il n'existe pas de réponse simple à cette question, et je voudrais seulement l'éclairer partiellement en proposant un bref inventaire des types de réponses qu'il peut recevoir. Je suggérerais de distinguer quatre réponses possibles :

- la référence mécanique à la réponse traditionnellement donnée dans le passé (par exemple, par référence avec un budget de la santé représentant tel pourcentage des dépenses courantes de l'Etat) : mais cette réponse - qui est sans doute la plus habituelle, parce que la plus commode - ne fait évidemment que reporter la question sur le bien-fondé des choix passés ; en outre, elle ne tient pas compte des changements de contexte et des nouveaux besoins qui ont pu apparaître ;

- la réponse « technocratique » : ce sont les experts qui « savent », ils sont les seuls à pouvoir donner une réponse de qualité « professionnelle » à cette question, et il faut donc s'en remettre à leurs choix sans discussion ; mais encore faut-il savoir quels sont les éléments de ce savoir, qui en est à l'origine, et si les conséquences actuelles en ont été prises en compte ;

- la réponse donnée par les groupes de pression directement intéressés par la solution de ce problème (par exemple un syndicat professionnel, ou une industrie concernée par des perspectives de profit, utilisant parfois des « experts » qui se confondent avec ceux consultés par le secteur public) ; mais il apparaît immédiatement que cette solution accepte par définition le rapport des forces existant entre les intérêts en présence, sans prétendre le modifier d'aucune manière, et rien ne garantit a priori que ce rapport soit satisfaisant du point de vue de l'intérêt général ;

- la réponse « idéaliste » du point de vue de l'intérêt général, par la référence à un vote démocratique le plus large possible sur toutes les questions de fond soulevées : mais ce vote ne sera sans doute pas praticable dans la plupart des cas, ne serait-ce qu'en raison de l'information complexe dont les citoyens ne disposent pas et qui devrait être diffusée, ainsi que du temps considérable qu'une telle consultation impliquerait.

Ce schéma (certainement trop simple) des solutions envisageables quant aux modes de décisions suffit à suggérer la difficulté de tels choix, et surtout l'absence d'une solution indiscutable. En pratique, les procédures choisies sont un mélange variable de ces différentes approches, et elles ne satisfont sans doute totalement personne. Mais il faut bien admettre que ce constat d'insuffisance découle de la nature même du problème soulevé : il s'agit de jugements de valeurs sur des finalités sociales, il n'y a pas de règles objectives ultimes et uniformes qui commandent le choix de ces finalités sociales, et l'on se retrouve donc face au problème de base déjà signalé précédemment : en définitive, *les finalités sociales doivent être comparées en termes concrets, pas toujours quantifiables*. Dans l'élaboration d'une politique de développement, *les préférences d'une société quant à son développement et son progrès ne peuvent être considérées comme données au départ ; elles doivent donc être systématiquement construites par les soins des responsables de l'élaboration des stratégies - en termes d'avantages et de coûts pratiques -, puis détaillées et mises en œuvre par une succession aussi cohérente que possible de choix de plus en plus précis et de plus en plus concrets*. Cette exigence constitue, en définitive, la conséquence la plus pratique du caractère fondamentalement *politique* des stratégies de développement.

Sur quelles bases cette construction systématique peut-elle être envisagée ? Encore une fois, il n'y a pas de réponse simple à cette question, il faut certainement se référer à un ensemble de moyens (dont les quatre évoqués il y a un instant) ; l'importance relative de chacun de ces moyens fera elle-même l'objet d'un choix subjectif de chaque société. En d'autres termes, un ensemble de choix politiques aussi complexes suppose une combinaison d'informations et d'interventions de diverses natures, avec un effort d'équité sociale dans la répartition des pouvoirs : en définitive, on ne peut donc éviter *un véritable débat entre les membres de la collectivité sur les grands enjeux des politiques envisagées*. Les modalités de ce débat politique dépendront elles-mêmes, inévitablement, des conditions existant dans chacune des sociétés concernées.

On peut ajouter, sans doute, qu'un tel débat politique n'a de chance de se dérouler que si les responsables au pouvoir affirment réellement et préalablement leur *volonté concrète* d'organiser un tel débat. Pour la plupart des expériences évoquées dans la première partie de cet ouvrage, on peut malheureusement considérer que cette volonté est restée plus rhétorique que réelle. Plus grave, on constate aujourd'hui que cette volonté politique d'instaurer une stratégie d'ensemble et d'organiser un véritable débat collectif à son propos est absente de la plupart des Etats ou des regroupements d'Etats, qui décident ainsi de leur avenir à coup de décisions à très court terme, comme des aveugles condamnés à tâtonner dans l'obscurité. Il me semble que c'est le cas, en particulier, du regroupement d'Etats qui avait peut-être le plus de potentialités et de moyens pour organiser un tel débat en son sein, à savoir l'Union Européenne : elle ne paraît aujourd'hui en mesure de proposer aucune vision globale de son propre avenir, sinon dans l'accroissement incessant du nombre de ses membres et dans l'intensification obsessionnelle de ses échanges économiques ; on y reviendra dans un chapitre ultérieur.

Absence de volonté, absence de débat, nécessité d'un renouveau : cette conclusion n'est-elle pas trop vague, trop générale, trop ouverte à d'infinies discussions ? Je veux bien l'admettre, je sais que les solutions concrètes ne sont pas évidentes et demanderont encore une réflexion politique approfondie ; mais je crois que *c'est la nature même du problème politique dans des sociétés complexes qui crée cette situation et qui impose ce renouveau.* D'où le caractère toujours imparfait des solutions spécifiques qui seront choisies par chacune des sociétés. On peut sans doute, on doit même certainement, tenter de favoriser l'émergence d'une telle volonté, et surtout améliorer autant que possible la qualité et la richesse de ce débat - notamment en *essayant de le concentrer sur ses enjeux sociaux les plus importants, plutôt que sur la multiplicité de ses modalités techniques et sur ses incidences financières* - ; mais on n'évitera pas l'expression des jugements de valeurs de la société sur ces enjeux. Devant cette nature même du débat politique, les instruments technocratiques - y compris les modèles macro-économiques les plus sophistiqués des économistes planificateurs - ne sont que des instruments d'exploration des choix alternatifs ouverts (et éventuellement des instruments de contrôle de leur cohérence et de leur faisabilité)[22]. Ils peuvent préciser aussi la signification concrète, dans les décisions politiques envisagées, de ce que peut être effectivement une « priorité ». Mais ils ne peuvent jamais commander directement la solution des problèmes politiques soulevés. Et il faut aussi rappeler une évidence perdue de vue par bien des planificateurs, qui aiment multiplier les « priorités » : si tout est prioritaire, rien n'est prioritaire, et la maîtrise du changement n'est plus qu'une illusion.

En 1932, Aldous Huxley avait écrit son terrifiant ouvrage « Le meilleur des mondes », pour montrer à quoi aboutissait une logique sociale purement technocratique et

[22] C'est sous cet angle que l'on peut interpréter l'exemple que j'ai déjà évoqué, célèbre dans l'histoire de la planification française, celui de la critique radicale des options du IXème plan, exprimée par Jacques Delors en novembre 1983, quelques semaines avant la date de démarrage de la mise en œuvre de ces options. A posteriori, on peut considérer que cette critique a marqué l'arrêt de mort, à terme, de l'expérience française de planification, même si le Commissariat du Plan ne fut formellement supprimé que près d'un quart de siècle plus tard.

non maîtrisée. Plus de huit décennies plus tard, nous n'en avons pas encore compris la leçon.

Un problème actuel de définition de l'intérêt général : la place du religieux par rapport au politique.

Le dernier problème que je voudrais aborder, dans ce débat général sur la notion de développement, est d'une nature très particulière : il résulte d'un changement survenu dans les années récentes au cœur de certains pays, avec d'importantes répercussions internationales, et il concerne *le renouveau de la dimension religieuse dans l'expression des préférences publiques en vue de l'intérêt général.*

Rappelons la conception qui a déjà été évoquée ci-dessus à diverses reprises : la construction de cet intérêt général n'est pas une simple addition d'intérêts particuliers juxtaposés, elle implique des arbitrages entre ces intérêts particuliers, mais aussi une définition progressive, puis une mise en cohérence, des préférences collectives. L'expression des intérêts particuliers reste naturellement essentielle ; mais elle doit s'accompagner d'une *conception d'ensemble cohérente et praticable de la société à construire*. On sait que la philosophie néo-libérale qui prédomine aujourd'hui n'a guère favorisé l'émergence d'une telle conception, ni même celle de la réflexion globale, institutionnalisée, qui pourrait la préparer dans une perspective de progrès.

On l'a déjà suggéré : la place de la dimension religieuse dans la définition de l'intérêt général doit être discutée, non seulement pour des raisons de circonstances récentes dans le monde (importance croissante de l'Islam politique, montée de diverses formes d'intégrismes dans le christianisme et dans l'hindouisme), mais aussi pour des raisons de principe. Les politiques de développement et de progrès concernent, en définitive, l'amélioration de l'ensemble de la condition humaine, en y incluant explicitement ses éléments spirituels et culturels quand ils sont importants et politiquement influents, et pas seulement ses composantes de bien-être matériel. Si cette importance des éléments religieux reste (ou redevient) considérable dans certaines cultures, il est normal, a priori, qu'elle s'exprime, et qu'elle intervienne donc de quelque manière dans l'expression de ces préférences. Non pas avec une autorité supérieure qui lui serait automatiquement reconnue pour des raisons de transcendance, ou pour des raisons institutionnelles propres à la collectivité concernée, mais tout simplement parce que cette dimension religieuse, lorsqu'elle est reconnue par une partie non négligeable de la population concernée, constitue ainsi, par définition, un enjeu humain considérable de l'organisation des sociétés.

Une telle affirmation n'est certes pas neutre ; elle implique un a priori philosophique, et d'autres positions sont possibles à ce propos. Si je la formule ici, c'est parce que je crois personnellement, avec beaucoup d'autres commentateurs de cette question, qu'une certaine dimension de *transcendance* est indissociable de la condition humaine. Parce que je crois que l'homme n'est véritablement homme que lorsqu'il cherche à dépasser sa condition purement matérielle, et lorsqu'il refuse de concevoir son comportement en fonction d'habitudes purement calculatrices, rejetant toute référence à des valeurs et à des objectifs d'un ordre supérieur. Et parce qu'alors ces valeurs commandent sa conception de la vie individuelle et de la vie collective, les finalités qu'il poursuit, les moyens qu'il accepte d'utiliser, les relations sociales qui en découlent, la physionomie générale de la société qui va en résulter. Il faut certes admettre que d'autres approches générales de la conception humaine sont possibles et légitimes : mais c'est bien pour cette raison que j'insiste tellement ici sur les choix de société et sur les dialogues multiples qui doivent préparer ces choix.

Quelles sont alors les conséquences prévisibles de cette importance nouvelle accordée à la dimension religieuse des préférences sociales, et à quelles conditions peut-elle s'exprimer ?

Les *conséquences* me paraissent être notamment les suivantes :

- Un changement de nature de la conception de l'intérêt général dans la société concernée, parce que cette conception apparaît désormais comme davantage *« spiritualisée »* par la prise en compte explicite d'une dimension nouvelle. Dimension qui peut d'ailleurs entraîner elle-même certaines implications matérielles (ouverture de nouveaux types de formations scolaires, construction éventuelle d'édifices religieux, voire paiement des rémunérations du clergé par les pouvoirs publics, etc.).

- Les conflits d'intérêts qui se révèlent inévitables dans la définition de l'intérêt général, lorsque l'on veut tenir compte de cette dimension religieuse, apparaissent plus *difficiles* à résoudre : car il peut être redoutable d'affronter certaines opinions, dès lors que des acteurs présentent celles-ci comme fondamentales, parce qu'émanant de Dieu ou d'une autorité ecclésiastique qu'ils jugent indiscutable, et que ces opinions deviennent comme telles non négociables.

• Si l'on reconnaît désormais cette importance, peut-on considérer que la conception traditionnelle de la *laïcité* - telle qu'elle est comprise originellement dans la tradition française de la séparation entre les Eglises et l'Etat (avec l'idée que le religieux relève du domaine privé, mais pas du domaine public) - reste un critère souhaitable ? Il me semble que oui, mais à condition d'admettre que l'environnement politique, social et culturel s'est tout de même profondément transformé en France depuis plus d'un siècle, et surtout à condition d'en préciser le rôle et de le faire accepter par tous selon les règles constitutionnelles en vigueur. Pour ma part, je crois que dans la configuration du monde actuel et compte tenu de ses enjeux, la réflexion sur la laïcité et la définition d'une ligne de conduite de ce point de vue qui soit acceptable par une majorité, sont plus que jamais nécessaires. L'idée de la laïcité est étroitement liée aux choix politiques de finalités dans la collectivité considérée (quelle société voulons-nous, aujourd'hui, demain et dans la longue durée ?) ; mais elle doit être précisée dans ses multiples composantes et ses implications concrètes sur l'organisation de la société (concernant par exemple le partage institutionnel du pouvoir, les dimensions éthiques de la relation des personnes avec l'enrichissement, l'égalité des droits reconnus à chacun, et ainsi de suite).

• Si l'on admet l'importance de cette question et si l'on veut en tirer les conséquences adéquates, il faut cependant reconnaître en premier lieu que *ce choix de la laïcité est lui-même l'expression d'une préférence sociale* plus ou moins explicite (qui n'est pas nécessairement celle de toutes les sociétés, et qui est sans doute liée, notamment, au principe de la démocratie). Mais le terme lui-même de laïcité peut être interprété de multiples manières ; chaque collectivité qui l'adopte (en fonction des règles de droit qu'elle admet en son sein) doit préciser la signification précise qu'elle lui donne et les implications d'ordre public qu'elle en attend. La laïcité a été trop souvent invoquée ou combattue pour des raisons excessivement simplistes et superficielles.

- On peut considérer, à partir de là, que les opinions religieuses n'ont évidemment pas à intervenir dans tous les domaines des politiques publiques, mais *seulement dans les aspects de ces politiques qui mettent réellement en jeu les valeurs fondamentales* sur lesquelles reposent ces opinions ; il reste alors à définir des critères de distinction entre les éléments de la condition humaine qui relèvent de l'individu ou de son entourage privé, celles qui relèvent de l'Etat, et celles qui peuvent relever d'une autorité transcendantale.

- Si la laïcité peut admettre l'expression d'opinions religieuses dans l'expression des préférences politiques des décideurs (et donc n'impose pas le « silence du religieux »[23]), c'est au même titre que d'autres opinions « citoyennes » qu'elle reconnaît comme légitimes. C'est aussi *sans qu'il soit nécessaire de reconnaître une supériorité particulière*, ni à l'ensemble des opinions religieuses, ni à l'une d'entre elles, par rapport aux autres opinions ; il n'est même pas souhaitable, d'ailleurs, qu'une opinion citoyenne fondée sur des convictions religieuses soit présentée explicitement comme telle, parce que cela n'ajoute rien à son autorité (il suffit qu'elle puisse s'exprimer librement).

---

[23] Voir le titre de l'ouvrage récent de Jean BIRNBAUM, *Un silence religieux. La gauche face au djihadisme*, Seuil, Paris, 2016.

• En toute hypothèse, il est indispensable que les autorités publiques gardent juridiction sur les *problèmes d'ordre public*, ainsi que sur ceux qui concernent plus généralement le respect des *droits de l'homme*, découlant de la conception du progrès qui sera adoptée. Mais la combinaison des exigences de l'ordre public et du respect des droits de l'homme couvre un champ extrêmement vaste : liberté de croyance et de culte, liberté d'opinion, d'expression, d'association, d'autonomie de la famille ; droit à la sécurité physique et à la satisfaction des besoins essentiels (alimentation, logement, santé, éducation, mobilité) ; droit à la propriété privée (mais avec de nombreuses limitations possibles selon les législations nationales) ; droit à l'égalité des citoyens (avec aussi des limites possibles en fonction des législations nationales) ; et ainsi de suite. Le champ n'est donc pas seulement vaste, il est aussi très complexe parce qu'il mêle, par définition, les compétences décisionnelles à plusieurs niveaux (national, régional, international), et surtout parce qu'il ouvre la porte aux rapports de forces entre cultures et civilisations, avec les effets de domination qui peuvent s'y attacher. De ce point de vue, la domination occidentale qui s'est imposée dans le monde à partir de la période coloniale est loin d'avoir disparu, puisqu'elle constitue encore le fondement principal du système économique mondial actuel, même si les principaux acteurs de celui-ci ne sont plus exclusivement en Occident.

• La *dimension internationale* des considérations religieuses elles-mêmes (à la fois dans son principe et dans les circonstances historiques actuelles) est-elle une voie vers le dépassement de la souveraineté nationale et des obstacles qu'elle constitue face à un intérêt mondial ? Peut-être, à condition de ne pas en faire un nouvel instrument d'impérialisme et de conquêtes, comme ce fut le cas durant l'histoire de la chrétienté (croisades, querelle des investitures, inquisition, querelles scolaires partiales), et aujourd'hui avec l'apparition de républiques islamiques ou de nouveaux califats. Mais on peut effectivement imaginer que les instances dirigeantes de certaines grandes religions soient de plus en plus considérées comme des autorités morales légitimes dans le monde et y exercent une influence croissante sur la définition de l'intérêt général (cela sera peut-être le cas de diverses églises chrétiennes - et pourquoi pas de diverses autorités musulmanes -, mais elles n'ont évidemment aucune vocation à un monopole dans ce domaine).

Que dire des *conditions* nécessaires à prévoir en vue de telles émergences ?

On voit ainsi, plus largement, que la conception de la laïcité qui serait adoptée dans une société multiconfessionnelle (et qui se reconnaît légalement comme telle) exigerait un réexamen de ses fondements, en vue de proposer, en termes positifs, les *conditions d'une réarticulation fondamentale entre le religieux et le politique.*[24] Cette exigence peut paraître bien difficile ; il me semble cependant qu'elle est la seule solution pour résoudre les problèmes difficiles que nous observons dans ce domaine aujourd'hui (notamment, mais pas uniquement, dans les relations avec l'Islam). Elle impliquerait qu'une réflexion nouvelle sur la laïcité s'attache à résoudre notamment les questions suivantes :

- Les questions relatives à la *délimitation de son domaine* : comment séparer, dans les conceptions générales du progrès de la condition humaine, ce qui relève du religieux et ce qui n'en relève pas ? On citera

[24] J'emprunte également cette formule à Jean BIRNBAUM, *op.cit.*

évidemment la liberté de culte, la liberté d'expression et d'association, le respect des croyances de l'autre. Mais c'est aussi bien davantage, comme par exemple le droit à la vie et à la sécurité ; le code de la famille et le code pénal ; l'attitude vis-à-vis de la propriété privée, de l'argent, de l'enrichissement, du profit, du taux d'intérêt ; et plus généralement encore des normes acceptées de la vie publique, telles que la démocratie politique et la réduction de l'inégalité sociale. On retrouve encore une fois la difficulté liée à une notion aussi large et aussi complexe : car si la laïcité consiste bien à préciser la part reconnue à la dimension religieuse dans la vie des personnes et des collectivités, elle implique une ré-exploration de l' « impensé » de nos choix les plus courants et, en définitive, de toute notre condition humaine, dans sa dimension historique. C'est une discussion sur les principes de base qui est nécessaire pour définir ce domaine, en évitant les discours-alibis inspirés d'idéologies extrémistes (le discours actuel d'une majorité du parti républicain aux Etats-Unis constitue certainement un exemple d'un tel extrémisme).

- Les questions relatives à *son organisation et à sa mise en œuvre* : à quelle autorité donner un pouvoir d'arbitrage dans les conflits quant à l'application de la laïcité ? Comment inventer dans ces conflits des solutions qui réalisent un véritable intérêt général (en tenant compte de la distinction devenue classique de Jean-Jacques Rousseau entre volonté générale et volonté de tous[25]) ? Et que faire si les structures politiques et sociales du moment s'opposent radicalement à un tel débat ?

---

[25] Jean-Jacques ROUSSEAU, *Du contract social* (1771), Livre II, chapitre 3, la Pléiade, mars 1966, page 371.

On aura noté que sur cette deuxième catégorie de problèmes, la plupart des conclusions méthodologiques relevées dans la première partie sont, à nouveau, directement utilisables : référence à la condition humaine, approche globale et multidimensionnelle, choix nécessaires, différences entre choix politiques et choix technico-économiques, clarification de la répartition du pouvoir de choix (et donc de l'autorité dans une société, ainsi que du partage entre responsabilités publiques et privées), critères de l'intérêt général, prise en compte de la dimension collective de la décision économique… Ce n'est guère surprenant, puisque l'enjeu est ici la définition même des composantes du progrès et la place relative du religieux dans cet ensemble. Les critères de l'intérêt général dans l'Iran d'aujourd'hui, par exemple, ne seront pas les mêmes que ceux proposés au niveau européen ou par les Nations Unies : d'où la réflexion nécessaire sur les modes de partage de ce pouvoir de décision. Peut-on concevoir dans ces questions un pouvoir d'arbitrage au niveau mondial ?

Chapitre 5
Politique économique générale : enjeux et exigences (I) Politiques nationales

Introduction

A partir de recherches effectuées dans le passé, le chapitre qui précède a proposé un réexamen de la réflexion sur le développement, au sens le plus général de recherche d'un progrès de la société. Réflexion de nature essentiellement *politique*, parce qu'elle s'appuie sur une critique sur l'état de la société elle-même, sur les besoins humains qui y sont ressentis, sur les conceptions de l'homme et de la société qui prétendent s'imposer, et donc sur les *enjeux* des changements qui peuvent y être envisagés, à partir de valeurs à défendre et d'objectifs à atteindre. Cependant, une approche politique n'est pas suffisante en elle-même pour aboutir à sa propre mise en œuvre, si elle ne s'appuie pas sur une meilleure compréhension des *mécanismes* nécessaires à ce changement, dans les *comportements* individuels et collectifs, mais aussi au niveau de *l'organisation* technique, économique, sociale et institutionnelle, et donc à celui des problèmes de *pouvoir* qui s'y attachent.

Les deux derniers chapitres, revenant aux *questions économiques*, ne proposent évidemment pas d'envisager exhaustivement un ensemble aussi vaste de problèmes. Mais ils voudraient se concentrer sur cinq grandes séries de questions de politique économique, d'ailleurs étroitement dépendantes l'une de l'autre, qui sont au cœur des difficultés actuelles et des débats auxquels donne lieu la conception de ces politiques économiques[26]. Les deux premières se situent principalement au niveau national : elles concernent d'abord *la croissance économique* – citée en premier lieu, parce qu'elle est supposée conditionner tous les autres éléments de stratégie – et ses rapports avec *l'emploi* ; puis le partage des pouvoirs de décision entre les acteurs publics et privés, et *l'économie « mixte »* qui résulte de ce partage ; on évoquera à ce propos la question de déficits publics et les *politiques d'austérité*. Le chapitre suivant évoque d'abord deux questions davantage reliées aux relations internationales, celles du *libre échange* dans le commerce international, et celle de l'accélération récente des *migrations ;* mais il y ajoute, plus largement, une réflexion sur la *construction de l'Europe* et sur les questions de souveraineté nationale qui y font obstacle. Il est évident que cet ensemble de questions, présentées ici pour l'essentiel dans leurs dimensions économiques (à l'exception de la question de l'Europe, présentée d'emblée dans une perspective plus large), restent inséparables de leurs dimensions sociales et écologiques[27].

---

[26] Je rappelle que cet exposé se situe volontairement au niveau des principes, et non à celui de l'examen détaillé de diverses situations nationales particulières. Compte tenu de la documentation et de la littérature consultée, les faits évoqués se rapportent souvent à la France et à d'autres pays européens comparables, mais les analyses peuvent être étendues à d'autres situations dans l'économie internationale. Je n'ai évidemment pas tenté de dresser ici un tableau des différentes politiques en présence sur ces différentes questions et dans différents pays.

[27] Outre un rappel de critiques générales sur la croissance, que j'avais déjà analysés dans mon ouvrage *La croissance ou le progrès ? Croissance, décroissance, développement*, le Seuil, 2006, je me suis particulièrement appuyé, pour la rédaction de ce premier chapitre sur les politiques économiques nationales, sur deux numéros remarquables de la revue *L'Economie politique* : le n°63, « Pour une politique économique de gauche », juillet 2014 (et plus spécialement sur les articles de Pascal CANFIN, Benjamin DESSUS, Liêm

Cependant, si l'on met en avant ici cette dimension économique après avoir insisté sur la dimension politique, c'est bien parce qu'on ne peut éviter un problème de base qui est, à tort ou à raison, au cœur de nombreux débats actuels : c'est, après le problème général de la *place de l'économique dans les politiques publiques*, qui a déjà été examiné précédemment, celui de *la rationalité économique de ces politiques publiques*. Et il me semble important que la signification de cette exigence de rationalité soit précisée au départ, pour éviter les confusions de critères auxquelles elle donne souvent lieu.

Pour préciser cette signification, il faut d'abord rappeler le principe évoqué précédemment : l'économie est en position subordonnée par rapport à la société. Celle-ci se donne des valeurs à respecter et des objectifs à atteindre en fonction de jugements de valeurs politiques, qui ne relèvent pas d'abord de la rationalité économique. *La rationalité économique est d'ordre instrumental : elle vise pour l'essentiel à assurer l'agencement le meilleur possible des moyens pour atteindre les objectifs choisis en fonction des jugements de valeurs politiques, mais elle ne porte pas sur ces objectifs eux-mêmes*. Qu'il y ait, dans la préparation pratique des décisions, une interpénétration étroite de ces dimensions politique et économique (ou plutôt technico-économique), et donc un ajustement

---

HOANG-NGOC, Michel HUSSON, Eloi LAURENT, Pierre-Alain MUET, et Xavier TIMBEAU) ; et le n°67, « Faut-il défendre le revenu de base ? », juillet 2015, en particulier les articles de Julien DOURGNON, Denis CLERC, Christian ARNSPERGER, Carlos VERCELLONE et Jean-Marie HARRIBEY, et Amartya SEN. Je n'ai pas voulu alourdir le texte en citant systématiquement les nombreux passages de ces études que j'aurais pu mentionner explicitement, à l'appui des positions que je défends ; mais j'espère ne pas avoir trahi l'essentiel de leur pensée.

réciproque et progressif des objectifs et des moyens à propos des différents problèmes de société à résoudre, est évident. Mais cette évidence pratique ne met pas en question la séparation des critères et le fait que la rationalité économique reste d'ordre instrumental : elle exige la minimisation des coûts pour obtenir des objectifs donnés, ou la maximisation des objectifs en fonction de moyens donnés ; mais elle ne concerne pas le choix des objectifs eux-mêmes. Ce dernier choix reste cependant soumis, de toute évidence, au niveau de ce que l'on pourrait appeler une rationalité « générale », à une exigence de cohérence, ou de non-contradiction, entre les objectifs poursuivis.

Ces principes peuvent paraître aller de soi. Ils font cependant l'objet de très nombreuses confusions dans la pratique des politiques publiques, avec pour résultat la soumission étroite de ces politiques aux diktats de l'économie. C'est la fausse évidence de cette soumission totale qu'il faut écarter.

Croissance économique et emploi

La croissance économique

Pour cet examen rapide de quelques grands problèmes actuels soumis aux politiques, j'aurais préféré éviter de commencer par une question aussi débattue, aussi « éculée » devrait-on dire, que celle de la croissance économique et de ses conséquences sur l'emploi. Je me résous finalement à le faire, pour plusieurs raisons difficilement évitables.

D'abord, bien sûr, parce que la croissance économique (traditionnellement mesurée par celle du PIB - produit intérieur brut - ou du revenu d'une nation, ou d'un ensemble de nations) demeure, et de très loin, la mesure la plus fréquemment utilisée pour mesurer l'enjeu qui est au centre de tout le questionnement proposé ici, à savoir le *progrès* - ou si l'on veut le développement - des collectivités ; en pratique, dans les conceptions dominantes actuelles, celui-ci est estimé principalement en termes d'enrichissement des individus et de la collectivité qu'ils forment. Et ensuite, parce que l'on croit pouvoir estimer à travers cette approche, quasi-mécaniquement, l'une des conséquences directes les plus importantes de cette croissance, à savoir les possibilités d'*emplois* rémunérés qui sont liées à l'activité productive en croissance, et qui assurent - ou sont censées assurer - à la majorité de la population le pouvoir d'achat nécessaire pour avoir accès à la production qui leur est destinée[28].

On va rappeler rapidement, dans les paragraphes qui suivent, les critiques les plus connues contre cette approche du progrès centrée sur la croissance, dont on a dénoncé de multiples fois le caractère très partiel ou même très biaisé. Mais il faut attirer dès le départ l'attention sur la persistance même de ce débat sur la croissance : car il ne peut être considéré comme résolu, et il se présente d'ailleurs, une fois de plus, sous une forme paradoxale. D'une part, les principaux responsables économiques - ceux qui sont en charge de la conception et de la mise en œuvre des politiques publiques, mais aussi les dirigeants des grandes entreprises privées, soutenus d'ailleurs presque aveuglément par l'immense majorité des médias, par la plupart des syndicats, et par une grande partie de

[28] Dans les conditions actuelles, on estime, par exemple, que la croissance de l'économie française doit atteindre un rythme minimal de 1,5% pour qu'on puisse en attendre une croissance de l'emploi global.

l'opinion publique - continuent de considérer le taux de croissance du PIB comme l'indicateur majeur du rythme de progrès d'une société ; dans cette perspective, il parait donc « normal » que ce taux fasse l'objet d'une attention prioritaire et permanente de tous les responsables et de tous les citoyens, jusque dans ses moindres variations de court terme. D'autre part, il faut le reconnaître, des critiques de plus en plus nombreuses et de plus en plus aiguës se développent à l'encontre des aspects négatifs de cette poursuite indéfinie de la croissance ; mais assez étrangement, elles ne se réfèrent pas, le plus souvent, à ce qui constitue l'objection la plus fondamentale contre cette perspective, à savoir *l'ambition d'une croissance illimitée*, et elles semblent toujours espérer le retour, dans un avenir prévisible, au rythme historique que les économistes ont appelé triomphalement celui des « trente glorieuses » au sein des pays riches durant la période 1945-1975. Or cette ambition de croissance illimitée dans le long terme est tout simplement absurde dans un monde aux ressources limitées : il suffit de l'extrapoler sur quelques décennies pour comprendre à quels ordres de grandeur aberrants elle conduirait inévitablement, et donc à une série de blocages irrémédiables à brève échéance. D'où l'opposition radicale de ceux que l'on appelle en France les « objecteurs de croissance », encore minoritaires, et qui se divisent eux-mêmes entre deux opinions : un groupe recommandant aujourd'hui une décroissance généralisée (qui n'a sans doute pas plus de chance de se réaliser de manière raisonnée que la croissance elle-même) ; et un autre groupe qui pense que le taux global de croissance peut continuer à être utilisé comme instrument, certes, mais doit perdre son rôle d'indicateur central de progrès et laisser la place à des stratégies beaucoup plus sélectives de croissance et de décroissance, selon les secteurs d'activité et les besoins auxquels ils sont censés répondre (on imagine, par exemple, des jugements de valeurs différents suivant qu'il s'agit de secteurs tels que les transports aériens, l'industrie de luxe, ou les services de médecine préventive). Cette dernière perspective me paraît personnellement la plus souhaitable [29] . Mais il faut reconnaître qu'elle ne résout nullement le problème global de l'emploi du facteur humain et des ressources de pouvoir d'achat qu'il distribue, dont on ne peut évidemment nier l'importance cruciale : ce problème doit alors faire l'objet de stratégies distinctes de celles de la croissance proprement dite, parce que l'emploi ne peut plus être mécaniquement lié au seul rythme de la croissance économique. On y reviendra dans la section suivante.

Rappelons d'abord brièvement - parce qu'elles sont aujourd'hui bien connues - les critiques de fond qu'appelle l'usage généralisé du taux de croissance du PIB comme indicateur synthétique du développement et du progrès d'une collectivité :

- L'importance substantielle accordée au taux de croissance de la production telle qu'il est calculé dans le PIB provient d'une tendance du modèle dominant à considérer que le « progrès » humain est fonction, pour l'essentiel, d'un accroissement des quantités de marchandises disponibles pour la consommation finale, la

[29] Je me suis expliqué longuement sur cette question dans un ouvrage paru il y a dix ans : Christian COMELIAU, *La croissance ou le progrès ? Croissance, décroissance, développement,* Paris, Seuil, Collection « Economie humaine », 2006. Le taux de croissance global de l'économie a une utilité comparable à celle du compteur de vitesse d'une voiture : il donne des indications sur le bon fonctionnement du véhicule et sur le degré de sécurité assuré aux passagers, mais il ne dit rien sur la question de savoir si la voiture va ou non dans la direction souhaitée par ses occupants.

consommation intermédiaire et l'investissement. Le fondement du progrès dans cette optique, c'est l'idée que *plus = mieux.* La critique résulte alors d'une conscience accrue de la nature plus complexe de ce progrès humain : celui-ci doit aussi tenir compte de nombreux avantages et coûts qui ne se mesurent pas principalement en quantités additionnables (la paix et la sécurité par exemple, ou la convivialité et la justice sociale dans les rapports humains, et aussi la diversité des aspirations de nature non matérielle et spirituelle). Il doit tenir compte également de multiples coûts qui ne se mesurent pas, ou pas uniquement, de manière quantitative (par exemple l'accroissement de la rivalité mimétique face à l'inégalité, avec les tensions sociales qui en résultent ; la tentation de l'endettement indéfini pour financer l'appétit de consommation, et les risques d'explosion qui y sont liés ; la pollution et l'épuisement progressif de diverses ressources naturelles ; les causes non maîtrisées mais cependant bien réelles du réchauffement climatique ; et ainsi de suite). Cette critique n'est que très partiellement réduite par l'effort pour intégrer dans le calcul certains éléments non marchands, tels que les services publics, dont la valeur est estimée à partir des salaires des fonctionnaires qui les assurent (et donc, encore une fois, évalués dans une optique essentiellement quantitative).

- Le taux de croissance offre au moins un avantage apparent, c'est la simplicité relative de l'indicateur (si l'on ne s'interroge pas trop scrupuleusement sur la signification qu'on peut lui attribuer) et la facilité de la comparaison des résultats, notamment entre périodes ou entre nations différentes. Mais ces facilités sont acquises au prix de la vérité, car les résultats comparent des agrégats hétérogènes plutôt que leur contenu concret, dont les avantages et les coûts ne sont tout simplement pas comparables. Et surtout, l'agrégation d'éléments très divers dans un chiffre unique élimine complètement la possibilité et la nécessité des choix quant aux finalités et aux moyens du progrès, nécessité qui a été fortement soulignée plus haut : la diversité qui résulte de ces choix est la garante d'un progrès correspondant réellement aux préférences des populations, plutôt qu'aux illusions d'un mimétisme mondial ou aux projets spécifiques de quelques grandes firmes à la recherche d'un profit maximum, mais peu soucieuses des conséquences humaines de leurs activités.

• Les raisons de la baisse récente des taux de croissance mondiaux - outre des raisons de nature plutôt conjoncturelle (vieillissement de certaines populations, obsession de l'austérité budgétaire, recherche de désendettement, réduction des rythmes de croissance dans certains pays émergents) - ont été attribuées par de savants commentateurs[30] à la baisse de la « productivité globale des facteurs » ou à l'« épuisement du progrès technique », argument qui paraît soit tautologique, soit comme une négation des possibilités de l'invention humaine dans l'avenir, et donc dans les deux cas difficilement défendable. Les vraies raisons doivent être davantage recherchées, me semble-t-il, dans le fait que les coûts réels de la croissance dépassent de plus en plus souvent ses avantages, dans les inégalités de plus en plus vertigineuses de la répartition des revenus, et peut-être surtout dans la lente montée d'une prise de conscience inéluctable, qui a déjà été évoquée : celle de l'impossibilité radicale d'une poursuite indéfinie de la croissance à longue échéance

---

[30] Voir notamment les thèses de Robert J. GORDON, spécialiste américain reconnu de la croissance économique, telles qu'elles sont synthétisées notamment dans un interview parue dans *Le Monde* des 21-22 février 2016.

(même si cette conscience est noyée, pour l'instant, dans la croyance en la vertu de chaque période de court terme pour résoudre les problèmes du moment, et donc pour ignorer le problème du long terme).

Les problèmes ainsi décelés sont bien évidemment multiples et difficiles : personne n'en a proposé jusqu'à présent une solution globale qui soit pleinement satisfaisante. Quelle stratégie de progrès imaginer face à de tels blocages ? Je passe rapidement en revue quelques repères, qui concernent successivement : la nature des aspirations et des comportements des hommes, les perspectives en faveur d'une croissance sélective, les exigences de l'emploi, avant de conclure sur le déplacement nécessaire des priorités de la réflexion dans ce domaine.

La *question des aspirations et des comportements* des hommes doit être citée en premier lieu, justement parce qu'elle constitue le problème fondamental de l'orientation des sociétés, mais en notant immédiatement qu'elle sort du domaine propre de l'économie pour entrer dans celui de l'éthique individuelle et collective : elle relève de la réflexion sur les finalités de la société. Mais il faut donc bien sortir de l'économie, parce que c'est l'économie telle qu'elle s'est développée en Occident depuis moins de trois siècles qui nous a persuadés que la seule voie réaliste du progrès pour l'humanité était celle de l'accumulation des biens matériels et d'un travail productif sans cesse accru. *Si ce postulat n'est pas abandonné, il n'y a pas de solution viable au problème de l'aspiration de l'humanité au progrès dans la longue durée.*

Cela dit, il est bien évident que cette croissance et cette accumulation de biens matériels vont demeurer indispensables pour une certaine période, sans doute plus longue que les cent ans dont parlait Keynes pour que le problème économique soit résolu[31] : c'est pourquoi il est préférable de parler de *croissance sélective* plutôt que de décroissance généralisée. Les raisons en sont évidentes : la population mondiale continue de s'accroître, même si le rythme de cet accroissement s'est ralenti ; les besoins élémentaires ne sont pas satisfaits et la pauvreté misérable subsiste pour une fraction importante de cette population ; les désirs d'améliorations matérielles sont multiples et évidents, les aspirations à un tel progrès sont parfaitement légitimes, et les composantes matérielles des réponses à ces aspirations devront donc être fournies en quantités accrues. Matérielles et autres, d'ailleurs : l'essentiel est de créer des ressources utilisables ou appropriables par les individus, mais aussi par les collectivités ; il faut donc créer un supplément de ressources mobilisables par ces collectivités pour financer les équipements nécessaires au-delà du simple maintien de la consommation nécessaire. Reste à définir, dans chacune des collectivités concernées, quels sont les secteurs dont il serait souhaitable d'accroître la production : les candidats ne manqueront pas, certes, en raison des lacunes de la plupart des sociétés en matière de satisfaction des besoins essentiels, y compris dans de nombreux pays riches où la pauvreté s'est récemment accrue. La question de l'emploi et de ses aspects sectoriels, enfin, est cruciale et va être abordée dans la section suivante[32].

---

[31] John Maynard Keynes avait estimé, dans une conférence célèbre qui date de 1930, que le problème économique de base de nos sociétés serait résolu dans un délai inférieur à un siècle. Voir J.M. KEYNES, « Perspectives économiques pour nos petits-enfants », 1930, trad. franç. dans *La pauvreté dans l'abondance,* Paris, Gallimard, collection « Tel », 2002.

[32] Cette question soulève de multiples exemples de contradiction entre objectifs souhaitables. Par exemple, en France, on évoque de multiples

Au total, il faut *réexaminer en profondeur la question de la croissance en fonction de l'ensemble de ses enjeux humains, et pas seulement en fonction des avantages de profit ou de bien-être* qu'elle apporte à telle ou telle catégorie d'agents économiques privilégiés. Une telle réorientation de la pensée en matière de croissance est de toute évidence de nature politique ; mais elle demanderait aussi une réflexion théorique novatrice approfondie, bien au-delà de celle dont nous disposons aujourd'hui.

La question de l'emploi, avec ou sans croissance

Cette question se rattache naturellement à la précédente, mais son importance pratique et ses modalités particulières paraissent justifier un commentaire séparé. Je voudrais évoquer ici les raisons de son importance, la nature des responsabilités engagées, les difficultés spécifiques de la période dans laquelle on s'engage, les solutions qui y sont apportées actuellement et les perspectives alternatives qui pourraient être envisagées.

Son importance, d'abord. Traditionnellement, dans les économies de marché, et surtout depuis l'essor de l'industrialisation, l'emploi salarié a joué un rôle crucial dans le circuit économique : pour la majorité de la population en âge de travailler, il constitue le moyen principal de se procurer les ressources de pouvoir d'achat nécessaires pour avoir accès au partage des ressources produites. L'emploi salarié est ainsi devenu une condition de réponse aux besoins essentiels pour une proportion importante de la population, mais aussi un élément

---

arguments pour réduire la production et la circulation de voitures particulières. Mais la construction automobile est en France une source importante d'emplois industriels. Comment choisir ?

déterminant de la dignité et de la promotion sociale, l'objet d'une aspiration fondamentale, recherché pour lui-même et pas seulement comme moyen de subsistance. Mais en outre, il allait constituer désormais un mécanisme indispensable du circuit économique, puisqu'il était devenu, en somme, le lien principal entre l'offre et la demande de marchandises. Dans un premier stade, ce lien allait même être conceptualisé, et surtout mis en pratique, sous le nom de « fordisme » : le constructeur automobile Henry Ford avait été l'un des premiers à comprendre que, s'il voulait augmenter les ventes des automobiles qu'il fabriquait, il fallait commencer par payer davantage sa propre main d'œuvre. Dans la suite, on a peu à peu considéré que la croissance économique, et en particulier l'augmentation des productions destinées au marché, ne dépendaient pas seulement de l'accroissement du pouvoir d'achat de la main d'œuvre, mais qu'en sens inverse, la croissance économique elle-même constituait aussi le facteur prédominant de l'accroissement de l'emploi salarié et de ses ressources : sans croissance, pas d'augmentation de l'emploi. Le souci majeur des sociétés contemporaines dites « avancées » est ainsi devenu celui de cet enchaînement vertueux du « développement économique », conçu comme la concomitance d'au moins cinq éléments essentiels : l'expansion de la production, avec celle des équipements et des infrastructures qu'elle exige ; l'augmentation de la population, avec l'expansion apparemment illimitée de ses désirs de consommation ; une organisation économique d'ensemble fondée sur l'intensification maximale des échanges entre les hommes ; la création d'emplois rémunérateurs en quantités suffisantes pour distribuer le pouvoir d'achat nécessaire à ces échanges ; et enfin une certaine quantité de ressources et de revenus mobilisables par la puissance publique pour assurer les équipements et les services collectifs nécessaires à cette expansion. Cette conception a eu la vie longue et elle subsiste encore largement aujourd'hui, on le sait : d'où la formule affirmée par la sagesse dominante, aujourd'hui, selon laquelle *le développement, c'est la croissance du PIB, et la croissance du PIB, c'est celle de l'emploi.* Le débat public actuel en France, marqué par une croissance économique fortement ralentie et un chômage élevé, présente une image presque caricaturale de cette conception héritée d'un passé pas encore très lointain.

Or c'est justement cette conception qui paraît soumise aujourd'hui à un changement fondamental dans les économies modernes, même si les évolutions sont assez variables d'un pays à l'autre, pour des raisons parfois évidentes que l'on ne va pas détailler ici (d'ordre démographique, notamment, et du rapport actifs / inactifs qui en découle). Mais la réalité qui émerge peu à peu est bien celle d'une situation dans laquelle (a) la croissance économique à long terme semble devoir se ralentir considérablement, au moins dans les économies les plus avancées, et surtout (b) cette croissance économique n'entraîne pas nécessairement celle de l'emploi - ni l'emploi salarié, dont la proportion est appelée à se réduire, ni même l'emploi global -, pour diverses raisons qui tiennent essentiellement à la mécanisation accélérée des techniques de production, à une mondialisation qui entraîne une concurrence internationale accrue des pays à bas salaires dans les pays les plus riches, à de nouvelles formes de travail hors marché, et bien sûr à de multiples réglementations spécifiques du travail et de l'emploi, variables selon les pays ; ces réglementations conduisent à des blocages qui résultent eux-mêmes de conflits d'intérêts mal résolus, surtout si l'on tente de raisonner en termes d'intérêt général. D'où le spectre de la « jobless growth » (croissance sans emploi), double désillusion par rapport au passé : non seulement il n'y a guère de croissance, mais quand il y en a une, elle ne crée guère d'emploi.

Les responsables économiques et l'immense majorité des citoyens n'ont pas fini de discuter cette situation dont les conséquences économiques et sociales sont évidemment très graves, surtout dans le court terme, c'est-à-dire tant qu'on n'a pas trouvé de solution alternative qui restaure un accès pour tous aux ressources produites et potentielles. On ne discutera pas ici des multiples tentatives détaillées qui ont été proposées, ou qui pourraient être mises en œuvre dans cette perspective de court terme, pour des situations et des conjonctures très différentes. Si l'on raisonne à plus longue échéance, il faut souligner trois faits importants, qui ne constituent évidemment pas par eux-mêmes des solutions immédiatement applicables, mais qui semblent bien conditionner la recherche des solutions d'avenir : c'est d'abord la nécessité d'une certaine déconnexion entre la croissance économique et l'emploi, et ce sont ensuite les deux voies alternatives envisageables de la réduction du temps de travail (RTT) et du revenu de base universel.

Dissocier l'exigence d'emploi du rythme de la croissance globale.

Il faut rester réaliste : il n'est pas question de nier désormais tout rapport entre la croissance de la production, tous secteurs confondus, et celle de l'emploi global, également dans tous les secteurs, publics comme privé ; il reste évidemment vrai qu'une croissance économique plus rapide dans certains secteurs est une condition plus favorable à l'emploi qu'un recul ou une stagnation de la production. Ce qui doit être mis en cause, cependant, c'est la considération simpliste selon laquelle le moindre accroissement de production dans quelque secteur que ce soit se traduit automatiquement par un accroissement proportionnel de l'emploi dans ce même secteur, et donc que la croissance de l'emploi global est un résultat mécanique de la croissance de l'activité économique d'ensemble. Ce qui doit être mis en cause, également - et c'est plus important dans la longue durée -, c'est la croyance selon laquelle il ne serait pas envisageable d'assurer un pouvoir d'achat en quantité suffisante pour l'ensemble de la population, si la production n'est pas en croissance permanente et indéfinie. Or c'est ce que la plupart des discours politiques paraissent encore considérer, en faisant abstraction des multiples transformations dans les technologies de production des différents secteurs, dans la démographie des différents pays et dans les migrations, dans la concurrence internationale, dans les qualifications professionnelles développées dans la population de chaque pays, et ainsi de suite.

Comment assurer en pratique cette déconnexion relative de l'emploi et des revenus par rapport à la croissance globale ? La question est complexe : elle passe à la fois par un maintien nécessaire de la productivité des facteurs utilisés (c'est-à-dire par l'efficacité de l'appareil productif), par une série de mesures réglementaires sur le travail (qui tiennent compte des enjeux humains et matériels de son organisation), et enfin - peut-être surtout - par un partage différent de la valeur ajoutée entre le travail et le capital, en fait très peu mentionné dans les débats politiques actuels comme si cette éventualité était a priori inacceptable, sinon même indécente [33] . Considérée

[33] Mais les marges de manœuvre en la matière devraient être soigneusement réétudiées pour tenir compte des conditions modernes

globalement, l'activité économique d'une collectivité doit servir équitablement l'intérêt général, en dépit des rapports de pouvoir inégaux qui subsistent inévitablement : il n'y a pas de raison que cet intérêt général soit recherché à travers la seule croissance quantitative de l'activité, surtout si celle-ci profite essentiellement aux propriétaires du capital.

Il ne faut cependant pas se faire trop d'illusion sur ces perspectives, et l'avenir « automatique » de l'emploi humain ne semble pas du tout assuré. Il faut alors chercher des voies alternatives : je vais en citer deux – la réduction accentuée du temps de travail, et l'instauration d'un revenu universel de base – parce qu'elles me paraissent a priori souhaitables, mais peut-être plus difficiles qu'elles ne paraissent.

Deux voies alternatives : la réduction du temps de travail et le revenu universel

Si ces deux voies me semblent devoir être citées, c'est d'abord, bien sûr, parce que l'emploi salarié traditionnel n'assurera plus qu'une réponse partielle aux fonctions de mise en rapport de l'offre et de la demande, tel qu'elles viennent d'être rappelées, et qu'en toute hypothèse il faut chercher d'autres voies de solution ; c'est aussi parce que ces esquisses de solution paraissent a priori offrir une voie conforme aux exigences de la justice sociale et des droits de tous à vivre décemment, mais que leur mise en œuvre semble se heurter à de multiples obstacles dont il n'est pas facile de se libérer, et qu'elles sont donc encore loin d'être immédiatement praticables. Je ne les évoque donc que

---

de fonctionnement des économies. Voir notamment sous ce rapport les analyses proposées par Thomas PIKETTY, *Le capital au XXIème siècle*, Seuil, Paris, 2013.

brièvement, parce que je crois à leur importance potentielle, mais sans exprimer pour l'instant un choix clair en leur faveur, parce que je ne dispose pas de l'information suffisante pour analyser sérieusement leurs chances de succès dans les conditions actuelles.

La *réduction du temps de travail*, en premier lieu. Notons d'abord qu'elle se prête à diverses formules et qu'il ne faut pas la ramener à la seule pratique des 35 heures : elle peut aussi prendre la forme de vacances plus longues, de la semaine de quatre jours, d'un temps davantage choisi, et ainsi de suite. Cette proposition de réduction du temps de travail paraît pouvoir s'appuyer sur une idée évidente : l'amélioration du bien-être n'exige ni une quantité indéfiniment accrue de biens et de services, ni une quantité sans cesse accrue de travail puisque la productivité du travail peut s'améliorer grâce à de nouvelles technologies. Plus largement, on peut considérer que les pays « avancés » sont déjà parvenus à une abondance matérielle dans laquelle l'augmentation du temps libre paraît plus souhaitable qu'une nouvelle augmentation indéfinie de la quantité de marchandises.

Cependant, les adversaires de cette réduction du temps de travail tiennent un discours opposé en tous points, en partant de l'idée que la croissance indéfinie est souhaitable en toute hypothèse (ne serait-ce, affirment ceux qui veulent paraître socialement plus « vertueux », que pour permettre une redistribution plus large aux non-privilégiés), et que c'est d'ailleurs cette croissance qui a permis la réduction du temps de travail dans le passé, grâce à l'augmentation de la productivité globale (ce qui suppose investissement : mais justement, le profit accru n'est pas nécessairement réinvesti). Selon cette opinion, la réduction du temps de travail a donc des limites, et elle n'est acceptable que lorsqu'elle est compatible avec les exigences du capital dans une perspective de croissance : en conséquence, pour ces adversaires, si aujourd'hui la population souhaite s'enrichir en gagnant plus pour acheter plus et consommer plus, ce n'est vraiment pas le moment de travailler moins. Cette proposition n'est évidemment vraie que « toutes choses égales par ailleurs », et notamment si l'on ne touche pas à la prééminence de la propriété du capital : car dans les conditions présentes, le capital veut maximiser ses profits et ne considérer les salaires que comme un coût de production à minimiser par tous les moyens possibles sans réduire son efficacité et sa rentabilité productive. Transformer ces conditions exige de changer les règles institutionnelles qui président au partage de la valeur ajoutée entre les facteurs de production. Changement que les responsables du capital - et en particulier les actionnaires, qui s'allient le plus souvent sur ce point aux cadres de direction des grandes entreprises pour adopter une position commune dominante quant à ce partage - refusent radicalement d'envisager, comme si l'ordre existant était le seul possible et donc le plus juste… A cet argument s'ajoutent bien sûr d'autres changements dans les conditions d'activité de l'entreprise, qui viennent renforcer cette position des adversaires de la réduction du temps de travail : en particulier, celui selon lequel la mécanisation accrue réduit les emplois traditionnels, mais en crée de nouveaux (ce qui suppose une mobilité accrue de la main-d'œuvre ; mais il faut voir que celle-ci peine à se matérialiser, en raison des exigences accrues de formation et de spécialisation qu'entraîne cette mécanisation).

En définitive, ce sont de fortes pressions systémiques qui s'exercent contre la réduction du temps de travail : mythe de la croissance indéfinie, prédominance des représentants du capital, priorité absolue au profit plutôt qu'aux autres enjeux humains de l'activité de l'entreprise.

La proposition d'un *revenu de base*, dit aussi *revenu universel*, est assez différente. Elle se fonde cependant sur une idée de départ comparable : c'est que le degré d'affluence atteint aujourd'hui par les sociétés avancées leur permet d'octroyer à tous leurs membres, au nom de la solidarité et de la cohésion sociales, un revenu de base plus ou moins élevé, universel, en principe égal pour tout le monde, et inconditionnel ; cette fois, il s'agit bien d'un nouveau partage de la valeur ajoutée, indépendant des décisions du capital, mais aussi indépendant de l'engagement ou du non-engagement de chacun dans un travail rémunéré. Le revenu de base est ainsi radicalement dissocié du travail. Les modalités d'application peuvent varier autour de ces principes, par exemple en octroyant un revenu inégal en fonction de la rémunération que chacun toucherait par ailleurs. L'avantage invoqué par les partisans de cette formule est la simplification, au moins apparente, de sa gestion, qui pourrait se substituer à celle de la protection sociale ; mais si l'on prévoit des modalités variables, les complications reviennent. Et plus généralement, toutes les formules de revenu de base se heurtent à un double écueil. Ecueil de leur financement, d'abord : où trouver les ressources nécessaires, qui sont très considérables [34]. Par l'impôt ? il faudrait imposer

[34] Les premières tentatives d'instauration d'un tel revenu de base ont été proposées en Suisse en mai 2016, avec une proposition de revenu de base de 2500 euros accordée à tous les adultes en âge de travailler : elle a été provisoirement refusée, ce qui ne semble pas avoir découragé ses initiateurs, qui ne renoncent pas à leur rôle de pionnier en la matière. En Finlande, une tentative analogue a été déposée, avec un revenu de base nettement inférieur, proposé au niveau de 700 euros. Pour un séminaire récent sur cette notion mené par l'UNRISD à Genève, voir le site *www.unrisd.org/basicincome.*

considérablement les plus riches pour leur octroyer ensuite un revenu de base, ce qui paraît politiquement difficile ; par l'entreprise ? mais sur quelle base ? Ecueil de la démotivation au travail qui en résulterait, ensuite (écueil dont l'importance est d'ailleurs diversement appréciée, d'après divers sondages) : en dépit de quelques sondages d'opinion en sens contraire, on peut se demander pourquoi un chômeur chercherait activement un emploi, s'il peut obtenir un revenu satisfaisant sans rien faire.

Concluons donc sur ce problème difficile des rapports entre la croissance et l'emploi : une fois encore, l'approche théorique et pratique renouvelée qu'il réclame exige une réponse à la plupart des *exigences méthodologiques* qui ont été évoquées dans la conclusion de la première partie de cet ouvrage. Je rappelle en particulier : l'importance des enjeux humains de progrès, qui ne sont que partiellement représentés par cet indicateur pourtant largement employé de la croissance ; la combinaison inévitable d'éléments individuels et collectifs de ces enjeux, dont la traduction en termes purement marchands apparaît dramatiquement réductionniste ; l'exigence inéluctable d'un raisonnement dans une perspective de longue échéance (et non pas seulement sur quelques mois ou quelques années) ; la nécessité d'une réflexion critique sur le contenu même du progrès et sur les dangers de ce qui constitue aujourd'hui le modèle de développement dominant ; la nécessité de prévoir l'organisation des choix, à la fois politiques et technico-économiques, notamment pour permettre la diversité des formes de progrès, mais en tenant compte du fait que les intérêts de groupes sociaux doivent être nettement différenciés et ne peuvent pas être tous satisfaits en même temps sur un pied d'égalité ; le caractère multidimensionnel des progrès recherchés, qui oblige les responsables des stratégies à sortir de la seule dimension économique, et a fortiori de la seule économie marchande (d'où la nécessité de tenir compte des dimensions collectives et non marchandes de l'économie, avec l'effort d'organisation supplémentaire qu'elles exigent) ; la nécessité d'un appui accru de la réflexion théorique aux analyses empiriques, afin d'y apporter les critiques et l'imagination qui en permettront le renouveau.

On constate toutefois que ces exigences méthodologiques sont mal reflétées dans les approches et les théories traditionnelles de la croissance économique, beaucoup plus centrées sur les *mécanismes* de cette croissance (combinaison des facteurs et rôle spécifique de chacun d'eux, en particulier du capital, dans la productivité globale puis dans la répartition du produit, par exemple) que sur le *contenu concret* de cette croissance et des besoins spécifiques auxquels elle est censée répondre. Le calcul de la stratégie de croissance et de ses résultats attendus devient ainsi un exercice macroéconomique relativement sophistiqué, mais très abstrait et très éloigné de la volonté politique et pratique d'un progrès spécifique de la société que cette croissance était supposée traduire.

Le problème général de la croissance économique et celui des rapports avec l'emploi demeurent manifestement l'un des défis les plus redoutables que doivent résoudre les stratégies de développement.

Le partage du pouvoir de décision dans les stratégies de développement et dans la gestion des économies nationales : qui est acteur ?
Etat, marché, économie mixte

Introduction et remarques générales

Je vais aborder de manière plus systématique, dans cette section, le problème du partage du pouvoir de décision dans les stratégies de développement, et plus généralement dans la gestion des économies nationales. Il a déjà été évoqué à plusieurs reprises ci-dessus, mais il est tellement important qu'il me paraît mériter un exposé d'ensemble. Mais il est aussi potentiellement si vaste, qu'il importe de sélectionner les éléments de solution qui seront abordés ici, en se limitant à l'essentiel.

A titre de point de départ, je suggère trois domaines dans lesquels le problème se pose plus spécialement :

- Les rapports entre les modes de décision *privé et public* : comment juger de la répartition des responsabilités des problèmes de développement entre décideurs privés d'une part (qui se divisent eux-mêmes en acteurs marchands, acteurs associationnistes - qui se rattachent souvent aujourd'hui à ce que l'on appelle « l'économie sociale et solidaire » - et acteurs au sein de l'économie domestique), décideurs publics d'autre part ? Quels sont les enjeux principaux de cette répartition ?

- Parmi les décideurs publics, quels sont les *critères du partage entre niveaux* de décision, notamment entre le niveau *local* (les communes, notamment, ou les départements, les provinces, ou autres subdivisions), le niveau *national* (évidemment très hétérogène dans ses dimensions), le niveau de grandes *régions* (telles que l'Union Européenne), et enfin le niveau *mondial* (ONU, OMC, OMS, FMI et Banque mondiale, etc.). On l'a déjà relevé plus haut : en dehors de quelques cas évidents, il existe aujourd'hui fort peu de critères uniformément admis pour ce genre de partage, et fort peu de recherches ayant abouti à des réponses susceptibles d'un large accord sur ces questions, comme le démontrent par exemple les querelles des années récentes autour des « programmes d'ajustement structurel » dans le monde en développement, autour de l'austérité au sein de l'Union Européenne, ou encore les difficultés de faire reconnaître par tous les pays la juridiction de la Cour Pénale Internationale. Le risque d'une telle confusion persistante est certes celui de conflits non résolus entre niveaux ; mais il est aussi, et peut-être encore davantage, celui de la passivité devant les défis les plus difficiles, chaque acteur rejetant sur son voisin la responsabilité d'une initiative novatrice. Dans les deux cas, c'est une nouvelle aggravation des drames humains qui en résulte : la crise présente des migrations vers l'Europe en fournit une illustration spectaculaire, avec des enjeux humains considérables, sur lesquels on reviendra.

• Il faut mentionner encore, de toute évidence, la responsabilité d'une *sorte d'arbitrage de l'intérêt général* entre les différents acteurs en présence, et particulièrement celle du pouvoir de juger de la conformité des activités des deux secteurs, public et privé, par rapport à l'intérêt général des collectivités, y compris de la collectivité mondiale. Au niveau des principes, les acteurs du secteur privé n'ont pas à s'en charger directement, dans un système d'économie de marché censé assurer « automatiquement » l'intérêt général à travers les mécanismes de la concurrence, et pourvu qu'il respecte les règles de l'ordre public. Le secteur public, lui, en est directement responsable, au niveau national ou au niveau international, selon la position qu'il occupe. Mais on voit bien qu'en pratique, les choses ne sont pas aussi simples, parce que la frontière entre les deux secteurs, n'est ni étanche ni fixée une fois pour toutes. Le secteur public recouvre à la fois des administrations assurant des fonctions dites « régaliennes » (l'ordre public intérieur et la défense extérieure, la justice, les affaires étrangères), des secteurs qu'il partage avec des acteurs privés (dans l'éducation, la santé, en particulier), et des entreprises publiques agissant sur le marché, en collaboration ou en concurrence éventuelle avec des entreprises privées (dans les transports ou l'énergie, par exemple, ou encore dans les assurances) : la rationalité marchande s'y combine donc inévitablement avec les règles d'intérêt général. Mais le secteur privé ne peut pas non plus prétendre s'appuyer sur la seule rationalité du marché, puisqu'en pratique celui-ci ne constitue jamais un marché de concurrence parfaite tel que celui prévu par la théorie, et que de multiples réglementations publiques viennent interférer, inévitablement, avec les indications du marché. On peut encore poursuivre le raisonnement plus loin, et soutenir qu'en dehors même de ces règles explicites, une entreprise privée reste membre d'une collectivité (nationale, régionale, ou éventuellement mondiale) : on peut ainsi exiger d'elle - ou au moins en attendre - un minimum de « civisme » et d'« éthique sociétale » au sein de cette collectivité, qui viendrait se combiner au critère prétendument unique de la recherche du profit. L'évolution récente du capitalisme reste assez éloignée de ce genre de préoccupations pour l'instant, en dépit de nombreuses déclarations assez rhétoriques (sur la responsabilité sociale de l'entreprise, sur les placements éthiques, ou sur d'autres thèmes comparables : il ne s'agit pas de mettre en question la sincérité de ceux qui prétendent promouvoir de tels thèmes, mais seulement de s'interroger sur le poids relatif de leurs arguments dans le débat ordinaire des économistes et des gestionnaires). Cependant le poids accru de certaines contraintes (liées à l'équilibre social ou à la protection des ressources naturelles, en particulier) pourrait modifier dans ce sens le « consensus social » sur lequel s'appuient les économies concrètes, et permettre l'apparition de nouveaux comportements d'entreprises au-delà même des obligations formelles de la loi[35].

Dans la perspective ainsi définie, on va donc examiner les types d'acteurs et les modes d'organisation *économiques* envisageables pour mettre en œuvre les objectifs de progrès des sociétés. On considérera ainsi la

---

[35] Pour faire le lien avec les recherches que j'ai évoquées dans la première partie de cet ouvrage, je rappelle à ce propos que la *théorie de l'économie non marchande* - dont l'économie publique constitue manifestement le domaine le plus important - permet de distinguer divers niveaux d'intérêts collectifs, en *fonction de la dimension* des collectivités considérées pour diverses catégories d'avantages et de coûts du développement (qui fait partie de ces collectivités ? qui profite de quoi, et qui paie quels coûts ?). L'économie non marchande suppose ainsi l'organisation d'un pouvoir de décision représentant la collectivité, mais distinct des acteurs individuels. D'où la question de base que j'ai déjà évoquée plusieurs fois, parce qu'elle permet de structurer pratiquement le raisonnement nécessaire à la plupart de ces domaines : *qui décide quoi, au nom de qui, au profit de qui et aux dépens de qui ?* (qui devrait participer à un referendum sur l'aéroport de Notre-Dame-des-Landes, par exemple : les citoyens du département, ceux de la région, ou ceux de la nation ?). Reste que cette approche est encore très théorique, et peu utilisée en pratique par les responsables de l'organisation politique. On peut le regretter, non parce qu'elle proposerait un schéma prétendument optimal et uniformément applicable, mais parce qu'elle clarifierait au moins les questions à se poser en vue d'une organisation rationnelle des décisions échappant au marché.

répartition des rôles possibles entre deux grandes catégories d'acteurs, avec les conséquences qui en découlent : ceux qui agissent principalement dans le cadre de l'économie de marché (à savoir principalement les *entreprises* de production, de diverses dimensions, mais il faudrait aussi parler de l'appareil bancaire et des services qu'il produit) ; et ceux qui agissent dans le cadre de l'économie collective : on pourrait considérer divers groupes, notamment au sein de ce que l'on appelle aujourd'hui « l'économie sociale et solidaire », mais on se concentrera ici sur les acteurs de la *puissance publique*, au niveau national et aussi international. Les problèmes de la répartition des rôles qui est envisagée seront ainsi ceux des relations entre le marché et la puissance publique : pour faire simple tout en restant dans les problèmes essentiels, on les désignera comme *les relations entre le marché et l'Etat,* ensemble que l'on peut regrouper sous le terme commode d'*économie mixte* (déjà évoqué précédemment à propos de l'expérience française de planification).

Quelques précisions encore avant d'aborder ce cadre de raisonnement. Quatre remarques pour mieux délimiter un sujet qui devrait être traité avec le plus de rigueur possible, tout en tenant compte du risque de glisser vers des thèmes démesurément vastes : ces thèmes pourraient être, par exemple, celui des rapports entre les intérêts particuliers des acteurs sur le marché et l'intérêt général de la collectivité dans son ensemble, ou, encore plus largement, en raison de ses conséquences globales sur le fonctionnement des économies, celui des relations entre les deux grands courants de pensée et de doctrine que sont le libéralisme (et surtout son avatar plus récent, le « néo-libéralisme »), et ses rivaux potentiels, au sein des divers courants « socialistes » ou centralisateurs.

Sans entrer dans une classification et une analyse détaillée de ces pensées, je voudrais d'abord rappeler la *différence fondamentale entre ces deux courants*, en ce qui concerne les valeurs qui les fondent. On considérera ici, au risque d'une simplification excessive, que le « néo-libéralisme » se base sur une conception décentralisée de l'intérêt général dans la collectivité concernée, qui ne peut être poursuivi qu'en laissant jouer le plus librement possible les intérêts particuliers (l'intérêt général n'étant rien d'autre, dans cette perspective, que la somme des intérêts particuliers arbitrés par le marché) : c'est donc bien la liberté la plus grande possible de ce jeu qui fonde ce premier ensemble de doctrines et qui lui donne son nom. Le deuxième, par contre, s'appuie sur une définition et une promotion plus directe de l'intérêt général par une autorité responsable de la collectivité ; il implique donc la référence à des critères collectifs de valeurs qui ne sont pas d'abord celui de la liberté maximale, mais qui s'appellent, par exemple, les droits de l'homme et du citoyen, la démocratie et la règle de la majorité, ou encore la référence à des valeurs inspirées par telle ou telle religion (comme ce fut le cas dans l'Europe chrétienne médiévale, ou dans les théocraties musulmanes actuelles). Je n'insiste pas davantage sur cette différence bien connue entre ces deux courants[36], sinon pour noter : que le choix entre eux est toujours d'ordre politique ; que les ambitions du deuxième courant sont plus explicitement éthiques que celles du premier (qui est cependant normatif, lui aussi, par exemple dans sa défense systématique de l'idée de concurrence et son refus de celle de protection) ; et enfin,

---

[36] Bien connue, peut-être, mais les définitions courantes du « néo-libéralisme (celle du Larousse, par exemple, ou celle de Wikipedia) demeurent assez vagues, entraînant une conception finalement assez laxiste de ce terme et rendant difficiles les comparaisons rigoureuses entre les traductions possibles de la notion.

que les choix pratiques de la plupart des collectivités s'appuient sur une combinaison d'éléments empruntés aux deux courants, mais en proportions variables. De toute évidence, le thème des rapports entre puissance publique et institutions marchandes, qui va être abordé dans un instant, est directement dépendant de la nature de ces choix idéologiques dans chacune des collectivités.

En deuxième lieu, un rappel : la discussion se situe maintenant dans le domaine de *l'économie*, et ce sont les problèmes économiques qui vont être évoqués. Le risque évident de cette focalisation sur l'économie serait d'accentuer encore l'approche idéologique : dans une telle perspective, par exemple, un grand nombre d'analyses économiques considèrent de manière simpliste que les acteurs essentiels sont en toute hypothèse les entreprises productives, produisant et échangeant des marchandises sur le marché - on pourrait ajouter : exerçant ainsi un pouvoir disproportionné sur les choix des consommateurs individuels - et que la puissance publique ne doit jouer dans ce domaine qu'un rôle global de maintien de l'ordre et de définition de quelques règles d'intérêt général. Mais c'est oublier que les acteurs de la puissance publique, et notamment l'Etat, produisent aussi divers types de services, de nature plus « collective » sans doute (ceux de la défense nationale, ou ceux de l'infrastructure de transports, ou certains services au sein des secteurs de la santé ou de l'éducation, par exemple), que ces services ont eux-mêmes un coût de production et supposent donc mobilisation de ressources et efficacité dans l'usage de ces ressources, et qu'ainsi se forme un domaine d'activité très large que l'on peut appeler « « l'économie publique ». Ce domaine est lui-même soumis, comme l'économie de marché, aux règles impératives de la rationalité économique. D'où, encore une fois, l'importance de la distinction théorique, dont j'ai déjà abondamment parlé plus haut et sur laquelle je ne reviens pas, entre « économie marchande » et « économie non marchande » (dont une des branches principales est évidemment l'économie publique), ces deux disciplines se rattachant elle-même à une discipline de synthèse que l'on pourrait appeler « l'économie générale »[37]. Celle-ci comporte elle-même ses exigences de rigueur : il serait essentiel de *préciser ces règles de la rationalité économique générale*, qui ne sont pas nécessairement identiques à celles de l'économie de marché.

Troisième remarque : cependant, en dépit de la spécificité de ces règles d'économicité qui s'imposent à la puissance publique, la discipline de la « science » économique a été marquée depuis son origine par la *prédominance quasi absolue qui a été historiquement accordée aux règles de l'économie de marché.* Cette prédominance a été plus ou moins affirmée selon les époques ; elle a connu un essor remarquable dans le cadre de l'économie du développement qui s'est formée depuis la Seconde Guerre mondiale, et plus encore dans les dernières décennies du XXème siècle. D'où la tentation, chez une majorité d'économistes de la génération actuelle, de raisonner sur l'économie publique en l'assimilant à l'économie de marché, et donc de considérer que la suprématie des règles du marché doit être reconnue et appliquée autant que possible dans l'ensemble de l'économie, y compris en économie publique. Le rôle pratique des acteurs publics, en conséquence, devrait être

---

[37] La notion d'« économie non marchande » permet notamment de traiter les phénomènes collectifs d'économie (l'état de la répartition des revenus, par exemple) *en tant que phénomènes collectifs*, et non pas seulement comme une agrégation de faits individuels gouvernés par la seule économie marchande.

réduit dans toute la mesure du possible, dans l'ensemble de l'activité économique ; on peut même parler à notre époque, dans de nombreux contextes, d'un mouvement long de réduction progressive du secteur public en général, au profit du secteur privé. Il est à peine besoin de souligner, encore une fois, le caractère idéologique plutôt que scientifique de cette réflexion aujourd'hui très largement dominante, et aussi les limites qu'elle rencontrera inévitablement à brève échéance.

La quatrième remarque ne vise qu'à tirer les conséquences des deux précédentes, mais elle exige un bref retour au domaine du politique. Car la domination de cette pensée « marchande » est devenue tellement puissante qu'elle a réussi, en quelque sorte, à *inverser le raisonnement sur les fins et les moyens* qu'impliquent le progrès de la société, et plus seulement celui de l'économie : on a déjà évoqué ce risque précédemment. L'orientation de ce progrès de la société était supposée relever du politique, et ne chercher qu'ensuite seulement les moyens économiques et techniques de réalisation les plus adaptés aux orientations choisies. Mais les exigences des règles de l'économie de marché ont été affirmées de manière tellement autoritaire, *urbi et orbi,* qu'elles se sont pratiquement substituées à la réflexion politique, ne laissant à celle-ci que la responsabilité de réorienter son contenu et ses perspectives en fonction des seules exigences de la rationalité économique, et même de la rationalité marchande dominée par la recherche du profit privatif. C'est cette situation que nous connaissons aujourd'hui, dans le cadre une idéologie qu'il est désormais convenu, justement, d'appeler *néo-libérale* : il importe d'en comprendre clairement les conséquences principales, en termes de répartition des rôles de pouvoir dans la poursuite du progrès. Mais puisque le partage entre le privé et le public, le marchand et le non marchand, fait l'objet dans chaque société d'un choix politique, il n'y a pas de règle absolue qui puisse s'appliquer uniformément à toute société dans ce domaine, et il y a donc place pour un véritable débat politique en la matière.

Position de l'entreprise dans ce cadre.

Ce n'est pas par hasard si l'on parle aujourd'hui d'une généralisation de la « politique de l'offre » : ce sont les entreprises sur le marché qui offrent des marchandises pour la consommation et l'investissement, en fonction de leurs règles de rationalité propre qui sont celles de la concurrence, du recours à la seule demande solvable, de la maximisation du profit et de l'accumulation. Ce sont donc ces entreprises qui se considèrent elles-mêmes comme les acteurs principaux du phénomène collectif résultant de leur comportement et qui en conditionnent aussi la poursuite, à savoir le phénomène de la *croissance* économique et des résultats bénéfiques qu'elle est supposée apporter en termes d'amélioration du cadre de vie et de possibilités d'emplois.

Mais dans la philosophie « pragmatique » actuelle de la plupart des entreprises, et en tous cas des plus puissantes d'entre elles, l'emploi est considéré comme un coût de production plutôt que comme une contribution à l'intérêt général : un coût de production qu'il faudra soustraire, bien entendu, à la rémunération des actionnaires. A ce titre, on l'a déjà dit, l'entreprise se croit justifiée à demander (ou à pratiquer sans autorisation) une réduction maximale de ces coûts de production, en particulier en termes d'emplois, de salaires, de cotisations patronales à la sécurité sociale et d'impôts (fût-ce au prix d'une évasion fiscale massive). Elle ne demande pas une répartition différente des fruits de l'activité économique, puisque la logique actuelle de cette répartition favorise le capital, et que ce sont les détenteurs de celui-ci (essentiellement les actionnaires) qui concentrent le pouvoir. Elle affirme cependant, avec une parfaite bonne conscience, qu'elle reste directement préoccupée par l'intérêt général, mais elle considère que celui-ci passe d'abord par un accroissement de la production et du revenu global, plutôt que par leur partage. Elle demande enfin une libéralisation maximale des échanges internationaux, et donc une réduction de toutes les réglementations qui pourraient s'y opposer pour des raisons sanitaires, ou écologiques, ou de protection des plus pauvres. Les entreprises sont ainsi au cœur de la lutte pour l'intensification libérale des échanges internationaux, même si les fondements de la mondialisation sont en réalité beaucoup plus larges. Les véritables promoteurs du néo-libéralisme se situent donc principalement dans ce milieu des entreprises ; mais il faut évidemment reconnaître que les rapports de pouvoir habituels jouent aussi dans ce milieu lui-même, en défaveur des petites et moyennes entreprises notamment, qui demeurent souvent écrasées par la concurrence, par les cotisations sociales, et même par l'impôt. Le vrai problème de cette attitude n'est pas qu'elle corresponde aux intérêts plus ou moins évidents des grandes firmes, mais qu'elle soit présentée comme la traduction la plus légitime, sinon même comme la seule possible, de l'intérêt de tous. C'est un des exemples les plus remarquables de ce que l'on peut appeler l'interprétation idéologique des lois économiques.

Position de la puissance publique

Que deviennent alors *l'Etat*, et plus largement la puissance publique (y compris au niveau international,

FMI, OMC, ou UE[38]), dans cette perspective ? La réponse de principe qui résulte de la théorie et surtout de la pratique dominantes est simple : la puissance publique est d'abord au service des grands acteurs de l'économie de marché. C'est ce qu'on a pu appeler « l'Etat subordonné »[39], et c'est exactement l'inversion des rôles évoquée plus haut. L'Etat est réduit à un certain nombre de services « régaliens » qui ne peuvent être assurés par personne d'autre (la défense extérieure, l'ordre et la sécurité intérieurs, l'administration générale, la plus grande partie de l'infrastructure économique et sociale, etc.). Divers grands secteurs continuent d'être partagés entre le public et le privé, tels que l'éducation et la santé : le principe de cette coexistence n'est pas mis en cause, mais la tendance générale va dans le sens de la privatisation et d'une réduction des dépenses publiques, en vue de permettre un moindre prélèvement de ressources en direction du secteur public, et un maintien ou un transfert maximum de ressources vers le secteur privé, qui est orienté essentiellement vers la recherche du profit. Avec des conséquences prévisibles : le secteur des entreprises, on l'a vu, va tenter de réduire ses coûts (notamment celui du travail) et d'accroître par tous les moyens sa profitabilité ; le secteur public, par contre, va être obligé

[38] Le FMI ne se dégage que difficilement de ses liens avec l'appareil bancaire ; les politiques de l'OMC et les « traités » qu'elle cherche à imposer entre grandes régions de l'économie mondiale (transpacifique ou transatlantique) sont soumises à la pression des grandes firmes multinationales ; quant à l'Union européenne, sa décision récente d'autorisation pour dix ans de l'herbicide « Roundup » de Monsanto, en dépit des mises en gardes inquiétantes de l'OMS, ne constitue que le dernier témoignage sur l'intensité croissante de la pression des lobbies privés à Bruxelles.

[39] Je me permets de renvoyer à mon article sous ce titre dans le n°8 des Nouveaux Cahiers de l'IUED, *La pensée comptable*, dirigé par Marc HUFTY.

de réduire autant que possible son déficit, en réduisant l'ensemble de ses dépenses sans pouvoir beaucoup accroître ses ressources fiscales. Tel est le principe de la fameuse politique orthodoxe de l'équilibre des finances publiques, et donc de l'*« austérité »* nécessaire qui en résulte en cas de déficit, politique sur laquelle on va revenir dans un instant.

Vue de synthèse sur l'évolution de ces rapports Etat/marché

Il n'est peut-être pas nécessaire de commenter davantage ces tendances, observables aujourd'hui dans la majorité des pays, et d'ailleurs abondamment étudiées dans la presse et les publications spécialisées. Mais on peut conclure ce bref rappel d'une situation générale bien connue (même si les diverses spécificités nationales doivent évidemment faire l'objet d'analyses plus détaillées) en soulignant certains de ses traits les plus remarquables et des cercles vicieux qui en découlent :

- la *tendance à l'accroissement perpétuel* des dépenses, des déficits et donc de l'endettement, est une caractéristique de base du système économique dominant, qui pousse sans cesse au « toujours plus » : plus de production, plus de consommation, plus d'échanges ;

- cette caractéristique explique elle-même, de toute évidence, l'importance de la *croissance* économique globale dans ce système, et le fait que cette croissance est censée synthétiser tous les objectifs poursuivis (en raison du biais « marchand » de cette organisation économique) ;

- mais la croissance elle-même est freinée, dans le court terme, par l'insuffisance de la demande globale qui résulte des politiques d'*austérité* imposées aux dépenses publiques ; dès lors celles-ci ne peuvent plus assurer leur mission keynesienne de relance de la production, de l'investissement et de l'emploi ;

- il faut rappeler que dans le plus long terme, une *croissance globale indéfinie* de la production et de la consommation n'a aucun sens dans un monde limité et ne peut conduire qu'à des absurdités ;

- si les acteurs publics et privés exercent une activité aussi enchevêtrée les uns dans les autres, il est illusoire d'en attendre un partage des pouvoirs toujours parfaitement clair ; la *négociation* permanente entre les catégories d'agents, et aussi entre les agents individuels, devient une condition nécessaire du fonctionnement harmonieux de cette économie mixte ; mais la nécessité d'un *pouvoir d'arbitrage* général, susceptible d'intervenir à tous moments au nom de l'intérêt public, reste plus évidente que jamais.

Ce diagnostic suggère la nécessité d'une remise en cause en profondeur de la logique même de ce système, ainsi que l'exigence de la complémentarité, plutôt que d'une vaine concurrence, entre les branches marchandes et non marchandes de l'économie ; il invite aussi à un renouvellement des objectifs de développement et de progrès, qui ne s'exprimeraient plus seulement dans la logique simpliste et irréaliste de la maximisation d'un taux de croissance globale de l'économie. Cette remise en cause, qui devrait être conçue comme le produit d'une réflexion nouvelle sur le développement, telle qu'elle a été suggérée au chapitre précédent, devrait conduire à la *promotion nouvelle d'une véritable économie mixte.*

La question des déficits publics et de l'austérité

Je reviens maintenant à un domaine plus directement dépendant de l'approche économique du développement et de sa gestion. L'économie soulève bien sûr de multiples problèmes de contenu et de méthode, qui vont certainement continuer à occuper les économistes pour de nombreuses années (contrairement aux espoirs de John Maynard Keynes évoqués plus haut). Je veux évoquer ici plus spécialement l'un des problèmes devenus récurrents dans les années récentes, celui du déficit public, et de l'« austérité » nécessaire qui lui est associée.

L'équilibre des finances publiques est l'un des dogmes les plus intransigeants (au moins en théorie) des politiques néo-libérales qui dominent aujourd'hui le cadre national et international, et - ce qui peut paraître assez surprenant - de manière encore plus radicale au sein de l'Union européenne qu'au sein du FMI. Ce dogme résulte d'une longue tradition de pensée, qui invoque en sa faveur des raisons de sérieux et de rigueur dans le *raisonnement économique :* ces raisons ne sont certes pas sans justification, et l'on ne peut en ignorer le bien-fondé dans bien des cas, notamment lorsque ces déficits mènent à un *endettement* dont la charge va peser inconsidérément sur les générations futures. Raisons qui viennent s'ajouter au discours vertueux insistant sur les exigences permanentes - mais à courte vue, comme on va le voir - d'efficacité, de solvabilité et de rationalité dans la gestion de l'économie publique.

Cependant, la situation ainsi créée est moins simple qu'on ne le croit, pour au moins trois motifs. D'abord parce que les raisons de ces déficits ne dépendent pas toujours des responsables publics de la nation concernée, notamment lorsqu'elles proviennent de causes conjoncturelles extérieures que ces responsables ne sont pas eux-mêmes en mesure de maîtriser (par exemple un ralentissement de la croissance mondiale, une baisse corrélative des cours des matières premières et des recettes d'exportation, une année de mauvaise récolte, etc.). Ensuite parce que ces causes extérieures ne sont pas seulement conjoncturelles : elles sont souvent d'origine structurelle et même systémique, ce qui veut dire qu'elles sont largement imposées par la logique même du système mondial auquel appartiennent la plupart des pays. Car les pressions à l'endettement sont aussi la conséquence de l'esprit général du capitalisme qui laisse espérer une croissance accélérée et illimitée du bien-être matériel (même s'il faut reporter les coûts de cette croissance sur les générations futures) ; ces pressions s'exercent autant sur les individus que sur les entreprises, et en définitive sur les Etats. Les prêteurs s'attachent alors à démontrer que l'endettement peut être accepté puisqu'il peut être financé... par de nouveaux emprunts, à des conditions souvent plus dures que les précédents, avec pour résultat un nouvel accroissement de la charge de la dette. Sur qui repose en définitive le poids de cet accroissement ?

On doit rappeler, cependant, que l'endettement lié à un déficit n'est pas nécessairement consacré à un accroissement inconsidéré de la dépense, mais qu'il peut servir une volonté calculée de relance de l'économie générale par la dépense publique, selon une ligne de raisonnement keynesienne. Si cette relance est refusée par manque de moyens, la stagnation ou le freinage de croissance qui en résultent augmentent eux-mêmes, mécaniquement, la charge de la dette calculée en pourcentage des ressources disponibles. D'où le résultat paradoxal d'une austérité qui augmente elle-même l'endettement qu'elle était censée combattre. Divers exemples irrécusables de ce paradoxe - l'exemple de la Grèce est sans doute le plus récent - sont aujourd'hui dénoncés par un nombre croissant d'économistes de tout premier plan. Mais la plupart des organisations internationales - et aussi, bien sûr, l'appareil bancaire qui profite largement de cette situation inespérée - continuent de prôner une austérité de plus en plus absurde. Répétons enfin, de manière plus générale, que cette tradition libérale se situe aujourd'hui dans un contexte international de renforcement de l'*idéologie* en faveur du secteur privé, et de pressions accrues pour que le secteur public soit d'abord le soutien de certains acteurs dominants du secteur privé (les banques en particulier) plutôt que de l'intérêt général.

La logique du système international apparaît ainsi quelque peu schizophrénique. On vient de montrer la pression qu'il exerce à un endettement accru des pays membres. Mais il veut s'assurer en même temps que ces pays demeurent des partenaires fréquentables dans les échanges internationaux, pour ne pas freiner la croissance indéfinie de ces échanges. C'est donc à la fois au nom de la croissance de l'économie mondiale, des profits du système bancaire et d'une idéologie orthodoxe de bonne gestion financière que ce système international - par l'intermédiaire d'organisations telles que la Banque Mondiale, le Fonds Monétaire International, ou l'Union Européenne - va assurer une sorte de tutelle autoritaire sur les pays endettés, de manière analogue à celle de l'époque des « programmes d'ajustement structurel », devenus tristement célèbres dans les pays en développement il y a deux ou trois décennies.

Les plus pauvres parmi les pays endettés, et ceux qui sont confrontés à des crises particulièrement graves dans leurs équilibres financiers, ne sont guère en position de négocier les conditions de remboursement de l'endettement indéfiniment accru dans lequel ils se retrouvent. Ils dépendent alors du « bon vouloir » des instances internationales, publiques et privées, et des motifs variables, souvent imprévisibles, qui peuvent modifier les comportements de ces instances selon les circonstances. Ce bon vouloir n'exclut d'ailleurs pas nécessairement les remises partielles de dettes ou l'allongement des délais de remboursement. Ce qu'il convient de souligner, par contre, c'est la multiplicité des situations dans lesquelles les pays débiteurs n'ont pu obtenir de nouvelles conditions de remboursement qu'en s'engageant à de très sérieux efforts de *rétablissement de leur équilibre budgétaire, par une augmentation de la fiscalité et/ou par une réduction des dépenses*.

Le problème ainsi soulevé est moins un problème de principe - il est normal que celui qui s'endette (individu, entreprise ou Etat) accepte en même temps la perspective de sacrifices à consentir dans l'avenir pour rembourser ces dettes, sans quoi les mouvements de capitaux internationaux risqueraient de se tarir - que la nécessité d'un débat sur la nature de ces sacrifices à consentir, ou plus exactement, sur *la nature des enjeux réels* de ces situations d'endettement et de leur remboursement. Or il est évident :

(a) D'une part, qu'une proportion non négligeable des dettes internationales résulte de pressions à l'endettement exercées par les banques elles-mêmes, acharnées à la recherche d'un profit facile dans un rapport de forces qui leur est favorable, ou pire encore, de tractations qui sont éthiquement très discutables (ce n'est pas par hasard si les juristes internationaux ont pu introduire dans divers débats, et sans pouvoir être sérieusement contredits par personne, la notion de « dettes odieuses ») ; la régulation internationale des pratiques bancaires reste certainement trop timide. Mais qui disposerait aujourd'hui d'un pouvoir suffisant pour l'imposer avec les sanctions nécessaires (d'autant plus que les ministres de Finances concernés et les plus hauts fonctionnaires internationaux à compétence économique sont souvent issus de la profession bancaire, ce qui renforce puissamment l'orientation « économiciste » des stratégies de développement et la prédominance des solutions technocratiques plutôt que politiques pour en résoudre les difficultés) ?

(b) D'autre part, que les réductions de dépenses budgétaires imposées aux débiteurs, pour assurer un remboursement plus satisfaisant de leur dette, avec l'appui d'un « arbitrage » international, ont souvent un impact considérable sur les conditions de vie des couches les moins favorisées des populations concernées (qui n'ont pratiquement aucune responsabilité dans l'origine de la dette), en particulier lorsque les réductions de dépenses imposées se situent dans les domaines de l'éducation, de la santé, des retraites, des transports publics, du prix de l'eau ou de l'énergie, ou d'autres questions dont l'impact « social » est évident. Comment assurer la protection des plus faibles dans des mouvements mondiaux de capitaux qui, par définition, ne se préoccupent guère de la situation de ces groupes les plus défavorisés ?

D'où les réticences opposées à des exigences de remboursement qui semblent relever du simple bon sens, mais qui sont en réalité très discutables dès lors que l'on prend une vue d'ensemble des enjeux réels, humains, des mesures envisagées. Car la question centrale est bien là :

le pouvoir écrasant de la finance devrait rester subordonné à ces enjeux humains ; mais qui va définir les arbitrages nécessaires et les faire respecter ?

Quelle réflexion peut être proposée pour répondre au moins provisoirement à ces constats préliminaires, dans la ligne de ce qui précède ? Je me borne encore une fois à esquisser quelques-unes des exigences et des questions qui devraient être intégrées dans le schéma d'une telle réflexion :

- La question essentielle dans ces situations est évidemment celle d'une clarification du problème en discussion : *qui doit quoi à qui, en vertu de quel engagement, et pour payer quoi exactement ?*

- Plus spécifiquement, à quoi aboutirait chacune des mesures exigées par rapport à ces dettes, et dans quelle mesure restent-elles entièrement *défendables* si l'on se rend compte des résultats probables auxquels elles conduisent ? Peut-on admettre, par exemple, qu'une réduction de dépenses publiques dans l'éducation (se traduisant le plus probablement par un accroissement du coût à payer par certaines catégories de parents d'élèves), ou une réduction des indemnités de sécurité sociale pour les soins de telle ou telle maladie, soit affectée au remboursement prioritaire de telle ou telle banque - car c'est bien cela qui va se passer en pratique -, comme si les parents d'élèves ou les malades avaient quelque responsabilité collective à l'égard des banques créditrices ?

- Par ailleurs, le retour à l'équilibre budgétaire exigé en vue d'assurer un remboursement de dette ou l'obtention de nouveaux prêts, ne va-t-il pas se traduire, en pratique, par une réduction des moyens de la *croissance* économique globale et donc, à terme, par de nouvelles difficultés de remboursement ? C'est en tous cas ce qu'affirment aujourd'hui de nombreux économistes, qui dénoncent de plus en plus souvent le cercle vicieux de la réduction de la croissance et de l'augmentation indéfinie de l'endettement.

- A supposer que des mesures d'austérité du type de celles qui viennent d'être mentionnées soient envisagées, les *calculs économiques* des répercussions de ces mesures - qui concernent la sphère de l'économie marchande, mais aussi celle de l'économie non marchande, par exemple si l'on envisage un appui à des pays voisins pour des raisons de solidarité - ont-ils été effectués, selon quelle méthode, et quel degré de confiance peut-on accorder à ces calculs ? Ce qu'il faut souligner à ce propos, c'est le caractère éminemment discutable de beaucoup de ces pseudo-calculs, entrepris au nom de la rigueur budgétaire (au sens le plus élémentaire du terme, celle d'une réduction du déficit global), et au nom d'objectifs qui peuvent être précis (remboursement des créanciers) ou rester souvent assez vagues (relance improbable de la croissance), mais sans *aucun souci de rigueur dans l'analyse économique des fondements de ce calcul, et encore moins dans les justifications politiques et la prise en considération des enjeux humains* de ces tractations. Ne peut-on trouver une approche plus sérieuse de ces mesures, en distinguant les aspects économiques des aspects politiques, si l'on admet que les enjeux collectifs et sociétaux de ces mesures sont, eux, extrêmement sérieux ? Et ne faut-il pas alors recourir à des notions plus larges que celle de l'économie marchande orthodoxe et de l'idéologie qui l'appuie, pour renouveler cette approche ?

• Enfin, qui va assurer les *arbitrages* nécessaires ? On voit ici, une fois de plus, la nécessité accrue de pouvoirs publics de décision mieux définis au niveau mondial, et plus nettement consacrés à la promotion d'un *intérêt général au niveau mondial* qui ne se confonde pas avec celui des grandes puissances, des grandes banques, des grandes entreprises, ou des classes privilégiées : mais ces définitions de nature politique ne font guère l'objet de débats internationaux aujourd'hui, et ceux qui se risqueraient à les proposer seront vite taxés d'irréalisme. Quelles seraient donc les perspectives pratiques de solutions envisageables ?

Je ne poursuis pas davantage une telle énumération de questions. Les réponses à beaucoup d'entre elles n'ont d'ailleurs de sens que si elles s'appliquent concrètement à des situations spécifiques. Mais l'énoncé même de ces questions suffit à montrer qu'il est urgent de réfléchir dés à présent sur certaines *exigences politiques de l'organisation générale* de notre monde, sans lesquelles les drames actuels des inégalités, de la misère, de l'insécurité, de l'aliénation et de la violence ne feront que s'aggraver.

Finalement, l'application systématique de l'austérité se traduit par une déviation systématique de l'intérêt général : ces politiques sont imposées en faveur et sous la pression des créanciers nationaux et internationaux, et en particulier de l'appareil bancaire, qui redoutent une évolution non maîtrisée de l'endettement ; mais elles conduisent en fait à un freinage de la croissance (et donc à une charge accrue de l'endettement en proportion des ressources), à une augmentation des inégalités (parce que les plus forts sont mieux à même de se défendre contre l'austérité que les plus faibles), et plus largement à un abandon progressif de nombreux enjeux économiques, sociaux et écologiques de la gestion de l'économie et des politiques de développement. Il n'y a plus, il ne peut plus y avoir, de véritable ambition de progrès collectif à long terme dans une telle perspective ; il n'y a plus qu'une multiplicité de « bricolages » à court terme par lesquels chaque acteur, ou chaque catégorie d'acteurs tente individuellement de s'en sortir dans le très court terme.

Orientations pour une politique nouvelle d'économie mixte et conclusion.

Sur cette base, on pourrait envisager la promotion de cette économie mixte et de cette complémentarité selon les lignes suivantes.

L'entreprise sur le marché doit évidemment rester libre de définir elle-même sa réponse face aux exigences du marché et à ses règles de concurrence et de rentabilité, y compris dans sa dimension internationale et dans les conséquences qui peuvent en résulter, en matière de délocalisation ou d'échanges extérieurs par exemple. Mais cette liberté reste évidemment soumise aux exigences de l'intérêt collectif, dont le respect demeure une règle pour tous les acteurs : d'abord comme un principe général (aucune entreprise n'a le droit de déclencher une guerre, ou de saccager les ressources naturelles d'un pays, pour la défense ou la promotion de ses seuls intérêts), mais aussi en fonction des réglementations légitimement décidées par les diverses autorités publiques concernées, au niveau local, national ou international. Les mêmes exigences s'imposent aussi à l'appareil bancaire, dont la formidable puissance dans les économies nationales et l'économie mondiale s'est considérablement développée dans les années récentes, alors que la « financiarisation » des activités économiques - c'est-à-dire le poids relatif des exigences et contraintes purement financières par rapport à tous les autres objectifs réels envisageables - s'est dramatiquement alourdie. Ce respect par les entreprises des lois et règlements d'intérêt général édictés par la puissance publique à différents niveaux concerne particulièrement : la reconnaissance scrupuleuse des obligations fiscales et le renoncement à tous les moyens de l'évasion fiscale, y compris par le recours aux « paradis fiscaux » en tous genres ; le respect des réglementations légitimes édictées par les Etats ou par les organisations internationales en matière d'échanges économiques (règles de la concurrence, notamment, mais aussi de la transparence dans les contrats), en matière d'organisation sociale de l'économie (travail, emploi, rémunérations, protection sociale, sécurité, etc.), en vue du respect de l'environnement naturel, et ainsi de suite. L'entreprise se consacre en priorité à la promotion des intérêts particuliers qu'elle représente (actionnaires, cadres, main d'œuvre, voire fournisseurs) et elle n'est pas directement responsable de l'intérêt de la collectivité, mais elle reste soumise aux règles d'intérêt général imposées par ailleurs.

Ce sont bien sûr *les autorités publiques* qui sont en charge de cet intérêt général, avec toutes les difficultés que la définition précise de cet intérêt général et les arbitrages entre intérêts particuliers impliquent dans chaque situation spécifique. Je ne reviens pas sur ces difficultés qui ont été traitées par ailleurs[40], mais je voudrais proposer quatre observations sur ce rôle :

- Il faut d'abord souligner l'importance, peut-être plus grande que partout ailleurs, de l'exigence de *cohérence*

[40] J'en ai notamment analysé certains aspects dans *Ambiguités des politiques publiques*, chapitre 1, Editions Privat, Toulouse, 2014.

générale pour la définition de l'intérêt général dans le temps : elle réclame le dépassement d'un comportement de décisions « au coup par coup », devenu hélas assez fréquent dans le contexte du recul du poids relatif de la puissance publique et de la disparition corrélative de la plupart des organisations chargées de la planification d'ensemble des politiques publiques. Il n'est sans doute pas opportun de prétendre revenir aux pratiques traditionnelles de la « planification du développement », qui n'ont pas été un grand succès dans la plupart des cas dans le passé ; mais il apparaît de plus en plus indispensable d'*inventer une planification nouvelle des interventions publiques dans l'économie*, avec des méthodes adaptées, en raison de l'apparition de nouveaux acteurs, et surtout de nouveaux enjeux réclamant des politiques à long terme beaucoup plus solidement structurées.

- Dans une période idéologiquement aussi défavorable au rôle des pouvoirs publics, on doit rappeler qu'il n'y aucune raison sérieuse qui oblige de réduire au minimum les dépenses publiques et les prélèvements de ressources correspondants (et plus généralement les interventions publiques). Il n'y a pas de règles d'« optimisation » absolue en la matière, sinon celle d'un examen, qui doit être politiquement assumé, des relations entre l'économie réelle et les décisions financières, entre la nature réelle des services publics prestés, le montant des ressources prélevées et celui des dépenses engagées. Si une nation souhaite étendre ou généraliser la gratuité de l'enseignement pour les élèves, ou des soins de santé pour les malades, il est normal que la fiscalité soit accrue en proportion des charges supplémentaires qui vont reposer sur les finances publiques. Le terme de « gratuité » est trompeur dans ce domaine : les services prestés ont un coût, et la question est seulement de savoir si ce coût va être payé par la collectivité ou par les usagers individuels.

• Cela dit, la règle d'*efficacité* et d'économicité dans l'organisation des services publics reste évidemment d'application, même si ces services ne sont pas nécessairement soumis à la règle de la rentabilité marchande. Mais il est faux de soutenir qu'une gestion échappant aux règles du marché ne peut pas être rigoureuse : c'est justement l'un des rôles de la réflexion sur l'économie non marchande (en tant que branche de l'économie générale et de ses règles de rationalité) que de montrer les exigences de cette gestion, ainsi que la possibilité de recours à des indicateurs qui ne se réduisent pas au seul système des prix du marché. Les règles se déplacent alors de la recherche d'un profit maximum à celles de la cohérence à long terme dans la fixation des objectifs, celles de la couverture totale des coûts envisagés, et celles de l'efficacité maximum de chacun des coûts envisagés (notion qui se distingue bien évidemment de celle de la rentabilité appropriable).

• Dans cet effort de rationalisation des services publics et des finances publiques, il importe, encore une fois, de ne pas réduire le débat et les informations nécessaires à de simples calculs quantitatifs et à des comparaisons de données chiffrées, comme on le fait le plus souvent. Dans la crise grecque des années récentes, les débats des fonctionnaires internationaux et les commentaires de la plupart des journalistes fournissent une illustration étonnante de cette fixation obsessionnelle sur ses seules données chiffrées dans le débat public. Il serait beaucoup plus important, au contraire, de revenir plus rigoureusement à *une comparaison entre les décisions économiques et financières envisagées et les enjeux réels de ces décisions relativement aux besoins humains analysés,* non seulement en termes d'emploi, mais aussi en termes de services prestés ou non prestés, et de problèmes résolus ou non résolus. C'est, encore une fois, la prééminence des objectifs sur les moyens qui est en jeu dans cette organisation, à l'inverse de la dictature des moyens (techniques, économiques et financiers) que la technocratie tente habituellement d'imposer sous prétexte de rigueur, particulièrement dans le cadre des politiques d'austérité. Cette prééminence des objectifs est une *exigence politique fondamentale* qui doit être imposée par les responsables politiques, car elle ne le sera pas par les techniciens. Mais la plupart des politiques publiques demeurent aujourd'hui très éloignées de cette reconnaissance systématique de la prééminence des objectifs.

On peut conclure cette brève discussion des perspectives de l'économie mixte en notant :

(a) que les discussions récentes sur ces questions, particulièrement en France, se sont souvent égarées dans diverses confusions, notamment lorsqu'elles ont reproché à la puissance publique des évolutions qui relevaient plus particulièrement de la responsabilité des entreprises (particulièrement en matière d'investissement, de croissance économique et d'emploi) ;

(b) que ces difficultés soulignent la nécessité d'une remise en cause assez profonde des relations entre secteurs public et privé, notamment en ce qui concerne le partage des fonctions souhaitables entre eux, la nécessité d'un pouvoir d'arbitrage plus net concernant les conflits relatifs à l'intérêt général, et aussi le niveau d'intervention souhaitable des pouvoirs publics (local, national, régional, mondial) ; d'où l'exigence d'une réflexion plus approfondie sur l'économie publique et sur la méthode de raisonnement qui lui est appropriée ;

(c) et enfin l'insuffisance profonde du débat public actuel sur ces questions, où il ne faut ni réduire les divergences d'opinions à des rivalités de personnes, ni se perdre dans des querelles réduites à des chiffres, ni confondre la nécessité des « réformes » (qu'est-ce qu'une « réforme », après tout ?) avec celle d'une austérité aveugle.

Chapitre 6
Politiques économiques générales : enjeux et exigences (II) Politiques internationales

Introduction : le cadre d'une mondialisation mal maîtrisée

La mondialisation des échanges (commerciaux, financiers, technologiques, migratoires, culturels, politiques, militaires) est aujourd'hui un fait difficilement récusable : il peut être constaté par tout le monde, et tout le monde est plus ou moins dépendant de ce phénomène dans la vie quotidienne. Mais il est finalement peu analysé, dans son contenu, dans ses causes, dans son évolution - marquée par des progressions, mais aussi des régressions - ; il l'est encore moins dans ses possibilités de maîtrise, et même dans les raisons qui rendent plus ou moins souhaitable cette maîtrise. En un mot, la mondialisation (qui ne comporte pas seulement des flux de marchandises, mais aussi des flux de services, des flux humains et des flux d'idées) constitue aujourd'hui la toile de fond des politiques internationales, mais elle n'indique guère en elle-même ce que ces politiques peuvent en faire, ni quelles sont les alternatives ouvertes par ce phénomène, à court terme ou à plus longue échéance.

C'est sans doute pourquoi la mondialisation apparaît aujourd'hui comme tellement anonyme, tellement impersonnelle, animée par des forces mal définies et mal repérables, orientée vers des directions multiples et hétérogènes que personne ne domine réellement, en dépit des déclarations fracassantes dans les discours des acteurs politiques ou économiques, qui se croient en position de force mais demeurent très vagues dans leurs propositions politiques sur ce sujet. Mais – il faut l'affirmer avec force pour s'opposer aux illusions individualistes et marchandes de la mondialisation ultra-libérale – *une mondialisation maîtrisée peut aussi être la source d'un renouveau de la solidarité au niveau planétaire* : cet espoir devrait faire l'objet d'une attention et d'une pensée beaucoup plus systématiques.

On ne tentera pas d'analyser ici cet avenir possible de la mondialisation : une telle analyse supposerait des travaux beaucoup plus approfondis que les recherches limitées sur lesquelles s'appuie cet ouvrage. Plus modestement, on tentera d'identifier quelques défis auxquels sont confrontés les politiques publiques internationales (celles des Etats et celles des organisations internationales), dans trois domaines qui sont eux-mêmes importants mais limités : les échanges commerciaux, les migrations internationales, et finalement les difficultés auxquelles se heurte le projet de la construction de l'Europe. C'est dire le caractère partiel des observations qui sont proposées ici, mais aussi la nécessité de les poursuivre.

Le commerce international et la mondialisation

Il s'agit d'un nouvel exemple, particulièrement important, de l'idéologie - ou si l'on veut de la « sagesse » - économique dominante : indépendamment du choix des objectifs de développement poursuivis, la *libéralisation* des échanges internationaux de marchandises et de services a été et reste l'une des préoccupations majeures de la doctrine libérale. Elle en a analysé surtout les *avantages* du point de vue de l'intérêt général ; mais elle s'est moins préoccupée des *coûts* de cette libéralisation, et moins encore de la *répartition concrète de ces avantages et de ces coûts,* entre pays, entre régions, entre classes sociales, entre générations, entre individus. Or ces préoccupations de répartition sont entrées aujourd'hui dans le débat mondial, et commencent à déboucher sur de véritables interrogations de la part des principaux acteurs en présence et des groupes sociaux qui en dépendent. Il semble bien que l'intensification du commerce mondial entraîne des conséquences importantes – positives et négatives – sur « l'intérêt général ». Mais en définitive, il s'agit de *l'intérêt de qui ?* de la population mondiale ? des pays les plus puissants ? des grandes entreprises ? des propriétaires du capital ? des détenteurs de la technologie ? des consommateurs ? des salariés ? des chômeurs et des chercheurs d'emploi ? des générations présentes aux dépens des générations futures ? Dans quelles composantes, sous quelles formes, et dans quelle mesure ces intérêts sont-ils affectés par cette intensification des échanges commerciaux ?

De plus, les conséquences de ces échanges sur les intérêts en présence et sur leurs composantes se transforment sans cesse selon les lieux et selon les époques. Le phénomène général lui-même de la *mondialisation* (ou de la *globalisation*, si l'on adopte le terme utilisé davantage dans la terminologie anglo-saxonne) évolue selon les périodes ; et il n'est d'ailleurs pas seulement le produit de la libéralisation ou de la réglementation des échanges. Il a connu des phases très différentes dans l'histoire ; il s'est notamment renforcé dans les dernières décennies du dix-neuvième siècle, s'est ralenti dans la première moitié du vingtième, et a connu un nouvel essor dans la seconde moitié. Il se poursuit aujourd'hui de diverses manières ; mais il se réduit aussi dans certaines de ses composantes essentielles. Le commerce international croît aujourd'hui moins vite que la production mondiale, alors que c'était l'inverse il y a une dizaine d'années ; les accords bilatéraux ou régionaux en la matière progressent plus rapidement que les accords mondiaux. La mondialisation des échanges commerciaux est loin de constituer un phénomène homogène, et elle paraît se heurter à de nouveaux obstacles.

Les causes en sont sans doute multiples, mais c'est un indice supplémentaire de la perte actuelle de confiance dans le credo libéral du libre échange généralisé au profit de tous. Et l'Organisation Mondiale du Commerce - qui joue depuis sa naissance le rôle de prophète mondial de ce libre échange - n'est pas parvenue à conclure le dernier cycle de négociations qu'elle avait lancé sur ce thème. Les projets d'accords entre grandes régions résistent peut-être mieux, sauf lorsque les grands partenaires concernés sont de forces comparables (telles que l'Europe et les Etats-Unis, en discussion sur un projet d'accord transatlantique – le TAFTA -, qui soulève de graves discussions de principe de part et d'autre, et ne débouche toujours pas sur un véritable traité). Et en toute hypothèse, il est normal que l'appréciation politique portée sur les échanges au sein de grands ensembles se diversifie, notamment en fonction des domaines d'activités concernés et des effets positifs ou négatifs qu'ils peuvent entraîner dans chacun d'entre eux : ces effets ne sont pas les mêmes, par exemple, suivant qu'il s'agit de consommation courante (vêtements, appareils électro-ménagers, automobiles) ; de biens et services susceptibles d'un risque sanitaire (alimentation, OGM, engrais) et de conséquences environnementales (gaz de schiste, bois tropicaux, matières polluantes et dangereuses ; mais le problème se pose aussi à propos d'autres ressources naturelles insuffisamment surveillées ou valorisées par les Etats qui les possèdent, et qui font aujourd'hui l'objet de pillages internationaux à grande échelle, notamment en Afrique et en Amazonie) ; ou encore de productions et échanges comportant une dimension culturelle sensible (comme c'est le cas en matière de cinéma, de télévision, de musique). Il faut évidemment y ajouter la prise en compte nécessaire de l'impact sécuritaire (armements en tous genres), mais aussi de l'espionnage informatique, et également de la préservation de ressources naturelles indispensables à la survie de certaines minorités parmi les plus pauvres de la planète. Et cette liste pourrait être allongée et détaillée davantage.

Le danger d'un discours idéologique et globalisant sur le libre échange est ainsi de ne pas tenir compte *des enjeux humains et des enjeux réels* de l'intensification aveugle de ces échanges, au nom d'une théorie économique insuffisamment nuancée, en raison de leurs seuls impacts macro-économiques en termes de balance de paiements, et au profit d'intérêts nationaux inavoués (ambitions de domination politique, par exemple) ou, pire encore, des seuls intérêts de marché négociés entre grandes firmes multinationales. Ici encore, il conviendrait de ne pas limiter les analyses d'évaluation des effets des échanges internationaux sur l'intérêt général aux seules informations des flux de marchandises et du système des prix, mais de l'étendre à l'ensemble des rapports concernés, économiques (marchands et non marchands) et non économiques. La démotivation au travail productif, en raison d'une concurrence internationale accrue et des difficultés évidentes de la mobilité interprofessionnelle qui serait devenue nécessaire au maintien du plein emploi, en constitue l'un des exemples les plus inquiétants.

Ce ne sont cependant pas des analyses aussi sophistiquées, ou en tous cas pas des analyses systématiques, qui président aujourd'hui à l'expansion du commerce international en pratique : la raison en est encore une fois, bien évidemment, que ces échanges sont dominés par les préoccupations économiques et financières des acteurs les plus puissants plutôt que par les conséquences humaines qui peuvent en résulter. Et c'est encore le discours orthodoxe de la libéralisation qui reste tenu officiellement par de nombreux responsables politiques nationaux à l'égard de la communauté mondiale, sans que cela les empêche d'ailleurs de pratiquer eux-mêmes une politique inverse, et donc protectionniste, pour leurs propres pays (« faites ce que je dis, pas ce que je fais moi-même »). Ce discours officiel continue donc de prétendre que la maximisation du libre échange est indispensable à la maximisation de la croissance mondiale, et que celle-ci reste elle-même la condition essentielle de la maximisation de l'intérêt général au niveau mondial... Par contre les arguments souhaitables en faveur, non pas d'un protectionnisme généralisé, mais de l'adoption de protections sélectives dans certains domaines (pour des raisons de sécurité, d'assistance aux plus faibles, ou d'intérêts nationaux jugés essentiels, et souvent aussi pour des raisons moins avouables de défense d'intérêts privilégiés) n'ont évidemment pas disparu ; mais la légitimité de ces arguments n'est reconnue, le plus souvent, que lorsqu'ils sont invoqués par les acteurs en position de force. Toute cette argumentation reste tout de même bien sommaire, en comparaison de l'importance et de la multiplicité des enjeux engagés.

Comment démystifier ces contradictions, comment reconstruire un discours crédible, et surtout comment élaborer de nouvelles politiques publiques sur le rôle des échanges internationaux (un discours et des politiques qui n'impliqueraient d'ailleurs pas nécessairement la maximisation de l'ouverture des économies nationales, mais plutôt une sélectivité plus grande dans les échanges), sur la différence entre les bons et les mauvais motifs de la protection, et peut-être aussi sur les rapports entre les échanges commerciaux et la libéralisation financière ? Ce domaine est trop complexe pour relever des seules conclusions méthodologiques évoquées en première partie ; mais ces dernières peuvent y contribuer de plusieurs manières. On peut relever notamment les possibilités d'impacts suivants :

- Sur les conséquences des échanges extérieurs en termes de *groupes sociaux concernés* par leurs avantages et par leurs coûts (et pas seulement en termes de conséquences mécaniques sur les agrégats macro-économiques et leurs taux de croissance, comme prétendent le faire la plupart des doctrines « officielles », notamment au sein des organisations internationales, mais aussi chez beaucoup de gouvernements nationaux).

- Sur les *choix politiques* de sociétés concernées, qui ne sont nullement explicités dans la doctrine de la maximisation des échanges : de quels avantages et de quels coûts s'agit-il exactement, au profit de qui et aux dépens de qui ? Conduisent-ils à une société ouverte et solidaire préoccupée de justice sociale, ou à une société farouchement inégalitaire et préoccupée de la seule compétitivité ? Une société obsédée par une attitude mimétique vis-à-vis du modèle dominant, ou une société axée en priorité sur les besoins essentiels de la majorité de la population ? Une société autonome, ou une société désireuse de s'associer étroitement à de grands ensembles ? Une société consommatrice et prédatrice, ou une société respectueuse des conditions d'équilibre écologique de la planète ? Et en sens inverse, comment analyse-t-on, en définitive, les avantages et les coûts de la souveraineté nationale lorsqu'elle s'applique aux échanges internationaux ?

- Sur les *conséquences collectives, au niveau mondial*, de décisions nationales en la matière : quelle « société mondiale » va en résulter ? Les questions sont d'abord les mêmes que celles qui se posent au niveau national (en termes d'inégalités, de rapports de forces, de groupes sociaux ou de régions privilégiées) ; mais il faut y ajouter le calcul de l'impact de cette libéralisation sur la croissance générale (car le rythme de celle-ci, au niveau mondial et à celui de ses grandes régions, n'est évidemment pas sans conséquence sur la croissance de chacun des pays), sur la répartition internationale des avantages et des coûts de cette croissance (où l'on pourrait souhaiter une meilleure information sur les entreprises concernées : le consommateur européen savait-il, par exemple, que certains jeans vendus en Occident étaient fabriqués par une main-d'œuvre du Bangladesh travaillant dans des conditions d'insécurité physique inacceptables ?), sur l'uniformisation de la consommation aux dépens des spécificités culturelles locales ; mais aussi sur les risques de conflits locaux violents, sur les migrations internationales et finalement sur la paix dans le monde. La simple évocation de ces risques rend quelque peu dérisoire la prétention des économistes à imposer des stratégies à partir d'un calcul sommaire des « avantages comparatifs » (ce que les grandes organisations internationales concernées continuent à faire le plus souvent, on ne l'ignore pas).

• Sur la nature du *pouvoir de décision* souhaitable dans ce domaine, enfin. Car on voit mal quel organisme disposerait à la fois de la compétence technique indispensable et de l'autorité politique nécessaire pour prononcer des arbitrages dans un domaine aussi complexe. Les difficultés récentes de l'OMC, qui scellent peut-être même son échec définitif sous sa forme actuelle, invitent évidemment à une réflexion plus précise dans ce domaine. Mais quelle autorité peut prendre le relais ? L'ONU elle-même ne dispose sans doute pas des spécialistes nécessaires en nombre suffisant ; les organisations de Bretton-Woods demeurent très marquées par la doctrine libérale qui a présidé à leur origine, et il est douteux qu'elles puissent présider à un changement profond dans ce domaine. Faut-il refonder l'OMC sur d'autres bases ? Mais alors lesquelles, puisqu'il faudrait réaliser un consensus minimum sur de nouvelles règles, et que les intérêts des divers membres demeurent très divergents sur ces questions, même lorsqu'ils dissimulent ces divergences sous une unanimité apparente, mais trop générale pour servir de règle ? Faut-il restaurer un degré plus élevé de souveraineté nationale, à partir des parlements nationaux (notamment quant aux possibilités de développement pour les collectivités de plus faible dimension, qui seraient moins étroitement dépendantes des échanges extérieurs), mais avec quelle garantie de rigueur ? Faut-il se résigner à l'arbitrage de deux ou trois super-puissances ou unions régionales, ou à celui d'une organisation du type Forum de Davos, ou encore à la concurrence brutale entre un nombre de plus en plus restreint de grandes firmes multinationales ? On le voit : ces questions qui étaient à peine mentionnées dans les débats internationaux il y a encore quelques années, se posent aujourd'hui avec acuité, et l'on ne pourra plus les éviter. Mais les éléments de solution ne sont guère réunis, pour des raisons de divergences dans les intérêts politiques concernés, bien sûr, mais aussi parce qu'on ne dispose pas, aujourd'hui, d'une grille d'analyse incontestée des divers impacts du commerce international sur les enjeux humains du développement des collectivités.

- Reste aussi, sur le plan économique, à discuter plus largement de l'avenir souhaitable de la mondialisation, que personne ne maîtrise au niveau planétaire. Cette maîtrise ne peut d'ailleurs résulter de quelques décisions institutionnelles simples. Mais encore une fois, ce problème d'une *pluralité de niveaux de décision* dans les politiques de développement n'a jamais fait l'objet de réflexions concrètes très poussées au sein du système mondial actuel, sinon dans les termes - acceptables, mais tout de même assez imprécis - d'un problématique « principe de subsidiarité ». Nous vivons donc aujourd'hui entre les excès de la mondialisation et ceux de la souveraineté nationale, aux dépens de la majorité de la population, parce que *nous n'avons jamais clarifié les critères du choix entre ces différents niveaux.*

De ces remarques très générales, et cependant peu évoquées dans les négociations internationales, on peut conclure :

(a) que *l'intensification rapide des échanges internationaux de biens et de services* – qui résulte du mode de modernisation adopté dans la plupart des économies, et en même temps du système de développement lié à la mondialisation – va continuer de constituer un élément central du développement dans les prochaines années ;

(b) que cette intensification des échanges, qui s'appuie sur un gigantesque réseau d'interdépendances marqué par de profondes inégalités de pouvoirs, n'entraîne pas que des avantages pour tout le monde, et qu'il doit donc être sans cesse *réanalysé en fonction de l'ensemble de ses avantages et de ses coûts, à court et à long terme* ; les enjeux politiques, économiques, sociaux, culturels et écologiques de cette intensification comportent donc des conséquences en sens divers sur les perspectives de développement pour la population mondiale ; mais en général les enjeux directement *humains* présentent une dimension *locale* que les décideurs mondiaux ont tendance à ignorer ;

(c) et enfin que ces enjeux sont très insuffisamment pris en compte dans les analyses qui s'inspirent exclusivement des *théories* économiques aujourd'hui dominantes.

Les migrations internationales

Le phénomène des migrations internes et internationales existe depuis bien longtemps ; il a toujours entraîné, inévitablement, des conséquences importantes sur les conditions de vie des populations concernées (dans les pays d'émigration, principalement, mais aussi dans les pays receveurs), sur leur sécurité et sur leurs perspectives de progrès en général. Mais on sait que ces mouvements de population et leurs conséquences se sont *formidablement amplifiés* dans les années les plus récentes : principalement, en raison des troubles au Moyen-Orient, mais plus généralement en raison des échecs du développement et de l'instabilité politique dans de nombreux pays (avec l'oppression et la répression qui les accompagnent) ; à la suite des inégalités croissantes entre groupes sociaux ou entre régions, avec les situations de misère, d'exploitation et de violence qui en résultent ; en raison des conséquences prévisibles du changement climatique en cours (conséquences qui font déjà partie des situations actuelles, quoiqu'en disent les « climato-sceptiques ») ; et enfin en raison des effets immédiats de cette « explosion » migratoire sur les politiques publiques des différents Etats concernés, qui restent profondément individualistes, « souverainistes » et réticents à toute espèce de coopération, sur la nature des relations internationales, marquées par des attitudes de plus en plus inacceptables d'irresponsabilité, et sur le rôle crucial de certaines organisations internationales, telles que l'Union Européenne ou les agences des Nations Unies.

Ce n'est certainement pas un abus de langage que de parler ici de *l'un des défis les plus dramatiques, humainement parlant, de la situation mondiale actuelle* (mais pourquoi faut-il toujours souligner explicitement cette dimension « humaine » des grands problèmes mondiaux, alors qu'il devrait être évident que c'est la seule dimension qui importe, en définitive ?). Le spectacle, aujourd'hui quotidien, de ces naufrages dramatiques en Méditerranée, de ces colonnes de réfugiés - avec une majorité de femmes et d'enfants -marchant péniblement dans les campagnes glacées, de ces milliers de personnes séjournant sans aucun confort et presque sans aucun espoir dans de sinistres camps de réfugiés ; le contraste entre cette misère et le cynisme le plus extrême de quelques dictateurs et de centaines d'intermédiaires sans scrupules, et aussi l'incapacité totale des grandes puissances et des milieux nationaux et internationaux à trouver un accord au moins provisoire pour mettre fin à ces tragédies (à commencer par l'Union Européenne, dont l'« incurie » et les silences dans ces domaines lui sont violemment reprochés, et qui vit pour cette raison l'une des remises en question les plus graves de son existence) : tout cela constitue bien l'une des crises les plus spectaculaires de notre monde, au point de rendre presque ridicule toute évocation d'une ambition de progrès et de développement dans les pays qui en sont les principales victimes, et de concentrer l'attention sur des urgences de survie à très court terme des populations engagées dans ces errances absurdes. Et c'est pourtant bien ce court terme qu'il s'agit de dépasser, en trouvant *une solution acceptable pour tous dans une perspective de moyenne et de longue échéance.* Mais qui parviendra aujourd'hui à imaginer une telle solution, à lui donner une perspective de durée raisonnable sans laquelle elle restera inutile, à réunir autour d'elle le consensus international indispensable, et à en imposer la mise en œuvre par toutes les parties concernées ?

Les défis que provoque cette situation sont ceux des exigences immédiates de l'accueil, du partage entre pays receveurs des responsabilités de cet accueil, des problèmes d'ordre public et de sécurité publique qu'il faut résoudre, pour les migrants comme pour les populations des pays receveurs ; mais ils concernent aussi et surtout l'exigence prioritaire en la matière, qui est celle de porter remède aux causes structurelles de la crise migratoire dans les pays d'origine des migrants. D'où la question essentielle à examiner, parce qu'elle porte sur un *enjeu global* qui conditionne la réponse à tous les autres. C'est, une nouvelle fois, celui des *finalités à atteindre : quelle société internationale voulons-nous promouvoir à moyen terme,* dans les pays receveurs comme dans les pays d'origine des migrants, pour mettre fin à cette crise sans précédent ? Une société internationale solidaire vis-à-vis des besoins essentiels de populations plus pauvres, d'abord dans l'urgence, puis progressivement ouverte à des échanges accrus plus équilibrés entre sociétés différentes, parce que ces échanges pourraient bénéficier à tout le monde ? Une forteresse occidentale qui se protège et qui ignore le reste du monde ? Une société plus calculatrice que jamais, qui s'entrouvre dans la seule mesure de ses propres besoins en main-d'œuvre, ou de ses possibilités de profit dans le commerce et la finance mondiale ? Ou encore - ce qui est peut-être le plus probable - la persistance de la passivité et du « chacun pour soi », quelles que soient les catastrophes humaines de plus en plus intolérables qui en résultent ?

Le réalisme impose évidemment de ne pas se limiter au rêve d'une solution idéale, et d'analyser le plus tôt possible les coûts (politiques, financiers, humains) des solutions envisageables. Quels *moyens* sommes-nous disposés à consacrer - je dis « nous » parce que l'Europe est évidemment en position cruciale pour contribuer à une telle solution – et à organiser en vue de la promotion de la société souhaitée ? En termes de richesse et de transferts de ressources, d'abord, compte tenu de l'écart gigantesque existant entre ces sociétés d'émigration et la nôtre ? En termes d'organisation pratique du « vivre ensemble », ensuite, dont on sait maintenant qu'il ne faut pas minimiser les obstacles redoutables, parce qu'elles conditionnent la viabilité à moyen et long terme des solutions qui seront adoptées ? En termes d'exigences indispensables d'ordre public (en y comprenant la nécessité absolue de faire accepter nos exigences légitimes d'ordre et de respect réciproque par les nouveaux arrivants, ce qui n'est guère le cas aujourd'hui) ? Quelle part faire, dans ces moyens, au rôle des pouvoirs publics, en termes d'infrastructure, de conditions d'emploi, de sécurité sociale, de visas, etc., mais aussi en termes de changements nécessaires dans les grandes politiques nationales de l'énergie, de ventes d'armements ou de drogues, de commerce, de fiscalité, de coopération technique ou financière, qui pourraient modifier la situation dans les pays d'origine ? Quelle place à la participation des acteurs privés (individus, familles, entreprises, associations) ? Quelle place aux réglementations locales, nationales, européennes ou mondiales ?

Les réponses à toutes ces questions, et à beaucoup d'autres du même ordre, ne sont pas connues ; le simplisme des réactions « il n'y a qu'à… » est particulièrement redoutable dans ce domaine. Il faudra réfléchir, agir, expérimenter davantage. Mais en dehors de diverses initiatives *locales* - qui sont vraiment remarquables, parfois même exceptionnelles dans leur générosité, et sans doute plus nombreuses qu'on ne le croit - la réflexion, l'action, l'expérimentation au niveau *national* demeurent très insuffisantes : l'Union Européenne, et plus encore les divers Etats qui la composent, demeurent étonnamment passifs (sinon même voyeuristes) face à ces drames qui se déroulent à leurs frontières, et parfois même dans leurs propres camps de « réfugiés ». Cependant, la générosité et l'improvisation ne suffiront pas : on n'évitera pas l'exigence d'un effort de rationalisation systématique des politiques publiques, et donc d'une nouvelle forme de *planification* de ces politiques à moyen et long terme.

Je me permets donc, une fois de plus, le même commentaire : les réponses peuvent et doivent varier, mais *les exigences elles-mêmes que l'on vient de mentionner sont évidentes et, au fond, personne ne les ignore. Le problème vient de ce qu'elles ne font pratiquement pas partie du débat actuel entre les responsables politiques, parce qu'elles ne sont pas considérées comme un véritable « enjeu »,* en tous cas pas au même point que les exigences de prospérité et de sécurité au niveau interne des Etats « receveurs ». Or il est urgent d'entreprendre et d'intensifier ce débat aussitôt que possible, si l'on veut répondre à moyen terme à ces défis dramatiques. Comment faire admettre cette exigence ? Comment mettre fin aux réactions extrêmement primaires et choquantes qui s'expriment sur ces problèmes[41], comme s'il ne s'agissait pas d'un drame humain de toute première importance ? J'y vois un signe impérieux, en tous cas, pour insister sans cesse sur la *dimension humaine*, plutôt que purement techno-économique, de l'analyse de ces défis gigantesques, sur la nécessité de distinctions diverses entre les groupes sociaux concrets concernés, puis sur la réflexion politique

---

[41] Par exemple, celle des reproches violents qui ont adressés par l'Union européenne à la Grèce, aujourd'hui accusée - c'est un comble - d'« incompétence » face à l'afflux des réfugiés qui débarquent chez elle. La Grèce, encore, dont les négociateurs se sont trouvés récemment face à la directrice du FMI qui leur demandait, excédée : « Y a-t-il des adultes dans cette salle ? ». Ou encore, lorsque la presse française envisage l'exclusion éventuelle de la Grèce parce qu'il faut « protéger Schengen de la Grèce » (*Le Monde*, 29 janvier 2016), et que l'on évoque même, à mots couverts, l'éventualité d'un possible marchandage pour un échange entre la constitution d'un immense camp de réfugiés en Grèce, et la remise partielle de la dette grecque… Ou qu'on laisse à la Turquie, dans le seul but de ne pas bloquer la conclusion d'un accord immédiat sur les flux de réfugiés, l'espoir d'une reprise des négociations pour son adhésion à l'Europe, alors que cette adhésion est manifestement impossible dans le contexte actuel ? Au même moment et dans le même numéro du *Monde,* les observateurs européens découvrent brusquement - car la versatilité européenne n'a pas de borne quand elle est directement intéressée - que l'Iran est redevenu « fréquentable ». Sommes-nous conscients de ce que cache cette arrogance européenne à très courte vue, et des effets de boomerang qu'elle risque de provoquer sur le climat des relations internationales dans la longue durée ? Ne voit-on pas que de telles attitudes sont à mille lieues des discours politiques des dirigeants occidentaux, qui aiment tellement parler de « solidarité » ?

nécessaire pour résoudre ces défis dont nous prenons si mal la mesure.

Faut-il nous retrancher, pour justifier notre comportement, derrières les erreurs évidentes, les dissimulations (réalisées parfois avec l'aide de Goldman Sachs, comme on sait), les intérêts catégoriels des faibles et plus encore ceux des puissants (qui ne paient pas d'impôts), et finalement les responsabilités historiques de la société grecque et d'autres sociétés concernées, qui paient aujourd'hui très cher l'insuffisance de leur conscience civique dans le passé ? Bien sûr, on ne peut ignorer toutes ces réalités. Mais c'est bien ce que j'essaie de suggérer sur chacune de ces questions : les problèmes de développement sont devenus infiniment plus complexes dans le cadre de la mondialisation, et il n'y a évidemment jamais de réponse « idéale » qui plairait à tout le monde ; mais le jeu du libéralisme qui traite chacun des intérêts en présence en fonction de leur seule « demande solvable » et des autres règles du marché conduisent aujourd'hui à des catastrophes économiques, sociales, écologiques et humaines inacceptables. Il faut donc renouveler profondément l'analyse et les réponses possibles de ces défis.

Au total, il ne faut pas se faire d'illusion et s'imaginer que la situation reviendra d'elle-même à ce qu'elle était dans le passé : les migrations se sont accélérées pour une période indéterminée, elles ne vont pas cesser dans l'immédiat, et leur ralentissement ne dépend pas seulement du règlement du problème syrien. Nous allons vers des mélanges de populations accrus et vers l'avènement de sociétés beaucoup plus composites. Le caractère plus ou moins harmonieux, ou plus ou moins violent, de ces sociétés en formation dépendra de nous et de nos partenaires : le raisonnement politique et social indispensable devra se libérer autant de l'angélisme et de l'optimisme béat que de la violence et du cynisme, mais il sera nécessairement *coopératif* et surtout *imaginatif*. Ce n'est pas cette orientation qui domine en Europe et dans le monde aujourd'hui.

L'Europe et la construction européenne

Note de présentation pour le lecteur

La section ci-dessous a été rédigée, dans sa version originale, quelques jours avant le vote historique du « Brexit », par lequel la Grande-Bretagne a décidé de quitter l'Union Européenne. On savait le vote très ouvert ; on pouvait espérer, cependant, un refus de cette sortie. Il n'en a pas été ainsi.

J'ai finalement choisi de garder l'essentiel de la version originale de cette section, pratiquement dans les termes où elle avait été rédigée ; j'ai cependant voulu la faire suivre par une sorte de « postface », écrite pour l'essentiel au lendemain du vote, et présenter ainsi les premières réactions qui sont les miennes – mais que je crois partager avec beaucoup de citoyens européens – sur ce vote éminemment regrettable. Il faudra certainement revenir avec plus de recul sur ces réactions « à chaud ».

L'Europe est un thème politique qui déborde, de toute évidence, le cadre des politiques économiques sur lesquelles se concentrent ces deux derniers chapitres. Mais c'est bien sur les *enjeux politiques globaux* de l'intégration européenne, plutôt que sur le détail de ses multiples dimensions économiques et non économiques, que cette section va être axée en priorité.

Les acquis

On peut proposer une constatation de départ : de toute évidence, *la construction européenne a apporté, et continue d'apporter, une dimension très nouvelle à l'ensemble des politiques publiques* à l'intérieur de ses frontières, mais aussi dans le monde : il n'est guère possible d'aborder ces politiques sans s'interroger sur l'avenir de l'intégration européenne. D'autant plus qu'elle se trouve aujourd'hui à une période-charnière dont on ne connaît encore guère l'issue : au moment où ces lignes sont écrites, on ne sait pas encore quel va être le résultat du « Brexit », à la fois pour la Grande-Bretagne, pour chacun des pays membres actuels de l'Europe et pour l'ensemble de l'Union Européenne, cette incertitude ne faisant qu'aggraver une longue période de mise en cause de l'Europe, plus profonde et plus menaçante que jamais. C'est donc bien *l'avenir* de l'Europe qui sera brièvement évoqué ici, plutôt que son histoire passée, ou que les péripéties récentes des difficultés d'intégration qui n'ont fait que s'accroître dans les dernières décennies, notamment en raison de la rapidité probablement excessive d'un élargissement mal préparé.

S'il s'agit bien ici d'une réflexion critique, je veux cependant commencer par une observation très positive, en soulignant le caractère vraiment exceptionnel de la formidable aventure que représente, en lui-même, l'effort de la construction européenne entrepris au lendemain de la Seconde Guerre mondiale [42]. En raison d'une histoire longue de plus de vingt siècles, certes, mais surtout en

[42] « L'Union européenne est probablement le plus formidable progrès qu'ait connu le Vieux Continent au cours du dernier millénaire » (Daniel COHN-BENDIT et Guy VERHOFSTADT, *Debout l'Europe !*, Actes Sud, 2012, page 33).

raison des défis redoutables qui ont été à la source, puis à l'aboutissement d'un vingtième siècle particulièrement mouvementé, avec l'accélération de l'industrialisation, l'essor puis l'effondrement du système colonial, la montée des dictatures et la crise de la démocratie, deux guerres mondiales extraordinairement meurtrières et destructrices, une crise économique comme on n'en avait jamais connu, les « trente glorieuses » de croissance rapide. Celles-ci ont été suivies par un nouveau bouleversement des rapports économiques et politiques mondiaux, marqués en particulier par l'ascension progressive de nouvelles puissances émergentes (la Chine, l'Inde, et dans une moindre mesure le Brésil), par les chocs pétroliers, par l'effondrement de l'URSS suivi d'une vigoureuse reprise de l'impérialisme russe, par l'émergence d'un islamisme politique violent, par l'explosion du Moyen-Orient et par les échecs souvent dramatiques des tentatives de développement dans une grande partie de l'Afrique subsaharienne, avec les conséquences migratoires gigantesques, la prolifération du terrorisme et les menaces sur la paix qui découlent de tous ces évènements.

Dès les années cinquante, les efforts des promoteurs de l'intégration européenne avaient tenté d'exercer une plus grande maîtrise sur ces bouleversements politiques, sociaux, économiques, culturels. Sans revenir sur cette histoire bien connue, il convient de souligner ici le caractère global, politique, systémique de cet effort d'intégration, en un mot de ce changement de civilisation dont cet effort est potentiellement porteur. Au-delà des défis économiques, sociaux et politiques, ce sont d'abord les conditions d'une paix de longue durée que les fondateurs de l'Europe voulaient assurer dans l'espace européen, des conditions ancrées dans les valeurs les plus sûres de la tradition européenne : la démocratie, le rayonnement et la diversité de la culture, le bien-être au profit de tous, la promotion des droits de l'homme et de l'Etat de droit. Entreprise qui fut loin d'être entièrement réussie, certes, mais dont l'image reste aujourd'hui comme celle de l'un des efforts globaux les plus remarquables jamais réalisés dans l'histoire humaine pour une région aussi vaste, et sans doute même pour le monde[43].

Au début du XXIème siècle, cette image est menacée, peut-être plus gravement que jamais. D'abord, sans doute, parce que l'Europe n'a pas su assurer elle-même la crédibilité morale de ses propres valeurs dans le monde : elle a cru pouvoir imposer sa prétendue supériorité dans la simple continuité de l'histoire passée, mais aussi dans la prolongation de diverses formes d'impérialisme non avoué. Ensuite, parce qu'elle a donné systématiquement la priorité aux dimensions économiques d'un grand marché et d'une union monétaire, plutôt qu'aux dimensions politiques, éthiques et « civilisationnelles » du progrès de la société : elle a privilégié généralement les approches technocratiques plutôt que démocratiques, laissant les citoyens très sceptiques, et finalement très passifs, quant aux enjeux réels des débats dans lesquels les responsables européens prétendaient les engager. Enfin, parce que l'Europe s'est focalisée sur l'élargissement géographique le plus vaste possible plutôt que sur l'approfondissement des relations multidimensionnelles au sein de l'Union, au point de rendre impraticables, et donc insolubles, les débats nécessaires sur les grandes questions du jour - la politique de défense, par exemple, l'attitude vis-à-vis de l'afflux massif des réfugiés et des migrants, ou encore la réduction de l'influence disproportionnée des acteurs

[43] « Jamais un continent n'a autant pesé sur le destin de tous les autres » (*ibid.*, page 44).

financiers -, au seul profit des innombrables réglementations détaillées mais secondaires.

Les enjeux réels

Je ne rappelle ces perspectives générales - bien connues de tous, mais finalement oubliées quotidiennement par tous les responsables, sauf en de très rares exceptions[44] - que pour revenir aux seuls enjeux réels de toutes ces négociations, qui ne sont pas d'abord économiques, et qui doivent donc bénéficier d'une priorité absolue face à ces enjeux économiques. Ces enjeux concernent au premier chef les populations elles-mêmes, leur droit de vivre, leur dignité, et sûrement aussi leur droit à l'autonomie et à la différence, dans un ensemble extraordinairement complexe, où différents niveaux de décisions politiques (nationaux, régionaux, internationaux, locaux) peuvent et doivent continuer à coexister. Les études techniques et les analyses économiques relatives à ces enjeux restent évidemment indispensables, mais elles ne peuvent jamais se substituer à la prise en considération des relations humaines et de leurs conséquences. Je retrouve ainsi, une nouvelle fois, deux composantes essentielles des recherches passées que j'avais rappelées au début de cet ouvrage : l'affirmation de la *prééminence indispensable des enjeux proprement humains du débat politique,* d'une part ; la nécessité de *réexplorer le terrain des enjeux politiques et économiques,* d'autre part, pour mieux

[44] Le dernier exemple d'une conscience aiguë de ces grands enjeux – qui s'est malheureusement égaré par la suite dans des tractations politiques moins respectables – est certainement, il faut le reconnaître, celui des efforts remarquables mais solitaires de la chancelière allemande, Angela Merckel, pour que l'Union adopte une attitude véritablement humaine, et politiquement acceptable, face au défi de l'immigration massive et aux tragédies auxquelles elle a donné lieu.

distinguer ce qui peut relever des approches marchandes et ce qui exige des approches collectives, mais en distinguant divers niveaux de collectivités.

C'est dans cette dernière perspective que se situe, bien sûr, la question lancinante – et jusqu'ici fort mal résolue – de la *place souhaitable des instances de décision européennes par rapport à celles de la souveraineté nationale*. Or cette question est au cœur des difficultés actuelles du fonctionnement de l'Union Européenne : on va le suggérer par quelques exemples - le plus récent et le plus spectaculaire sera évidemment le débat britannique sur le « Brexit » -, sans qu'il soit nécessaire de développer longuement chacun d'entre eux.

Le premier exemple se rattache à ce qui représentait la préoccupation la plus essentielle de l'entreprise européenne à ses débuts, celle du maintien de *la paix entre les pays membres.* Et c'est un acquis immense : il ne faut pas oublier que dans le siècle qui a précédé le Traité de Rome en 1957, la France et l'Allemagne (soit deux des principaux membres de la communauté européenne aujourd'hui ; certains disent même : le cœur de cette communauté) se sont livrés trois guerres extraordinairement meurtrières, dont deux sont devenues mondiales. De tels conflits sont manifestement devenus impensables dans l'Europe actuelle à 28. Mais l'attitude des pays membres de l'Union vis-à-vis de la cohésion interne de la communauté européenne - et donc de la *solidarité* qui est supposée l'animer - est déjà beaucoup moins satisfaisante : on peut en juger par l'attitude très négative - déjà évoquée dans la section précédente – qui a été opposée par l'Europe dans son ensemble à la Grèce et à ses difficultés (d'origine largement internes, bien sûr, mais aussi internationales, notamment en raison des orientations idéologiques des institutions européennes en matière d'économie) ; on peut s'étonner aussi de sa passivité relative vis-à-vis de l'évolution politique interne de certains pays lorsqu'elle est manifestement contraire aux principes fondateurs de l'Union, comme c'est le cas aujourd'hui en Hongrie et peut-être bientôt dans d'autres pays de l'Est européen, ou encore s'il s'agit d'envisager une Europe à deux ou trois vitesses – pour faire quoi ? pour privilégier qui ? - en raison des prétentions de chacun des membres et de son pouvoir spécifique de négociation.

Par ailleurs, si l'on s'interroge plus largement sur le rôle de l'Union Européenne dans le maintien de *la paix dans le monde,* il est certain que l'importance de ce rôle n'est absolument pas proportionnelle au poids économique de l'Europe, si on le compare à celui des Etats-Unis, de la Chine, ou même de la Russie, parce qu'elle ne présente nullement une position commune face aux grands problèmes contemporains des relations internationales, et surtout parce qu'elle ne paraît même pas soucieuse d'y parvenir. Elle s'est cependant trouvée projetée - bien malgré elle, on l'a vu - au cœur de l'un des problèmes les plus aigus des années les récentes, celui des *migrations* : celles en provenance du Moyen-Orient (et en particulier de la Syrie et de l'Irak, mais aussi de la Turquie et de divers pays voisins), à laquelle il faut maintenant ajouter une accélération des pressions migratoires en provenance de l'Afrique du Nord et de l'Afrique subsaharienne, et aussi celles en provenance des pays de l'Est européen (c'était celles que paraissaient redouter spécialement les Britanniques à la veille du « Brexit »). Le fait le plus frappant dans ce contexte est bien l'absence de tout front européen uni pour imaginer et mettre en œuvre une solution acceptable aux drames effroyables qui sont liés à cette situation, en dehors d'une agence de police des frontières dérisoire, purement défensive, à qui l'Europe n'a confié aucune mission constructive.

Assurer à l'Europe un rôle politique à la mesure de son importance économique.

Il n'est sans doute pas nécessaire de multiplier les exemples de faits bien connus pour suggérer que *l'Europe n'existe pratiquement pas sur le plan politique, ni sur le plan interne, ni sur le plan international*, et en tous cas pas à un niveau qui ait le moindre rapport avec son importance économique. Mais cette importance économique, justement, comment l'apprécier de manière « synthétique », non pas seulement en accumulant des chiffres descriptifs, mais en se demandant *quelle est la signification de cette importance économique du point de vue des enjeux humains de l'intégration européenne ?*

La réponse à une question aussi globale dans une réalité aussi complexe n'est certes pas facile ; elle exigerait bien évidemment un examen détaillé de chacun des innombrables domaines concernés. On se bornera ici à une appréciation générale illustrée par quelques faits significatifs.

Soulignons encore une nouvelle fois, à ce niveau économique global, le caractère symbolique et même prestigieux de la réussite européenne : l'Europe s'est donné de nouvelles perspectives de développement à partir du milieu du XXème siècle ; elle s'est progressivement relevée des multiples tragédies du passé ; elle a pu s'affirmer peu à peu comme une grande puissance dans l'économie mondiale, au sein de laquelle elle est parvenue, globalement, non seulement à représenter un poids démographique considérable de plus d'un demi-milliard d'habitants, mais aussi à maintenir un rythme de croissance économique, une intensité des échanges internationaux, un poids financier de grande envergure. La question essentielle, à ce niveau global, reste toujours la même : *une réussite au profit de qui ?* Formulons plutôt la question de la manière suivante : peut-on se satisfaire de ce résultat global, non pas bien sûr parce qu'il serait insurpassable, mais parce qu'il serait relativement satisfaisant pour la majorité des populations concernées, et parce qu'en toute hypothèse, on ne pouvait guère espérer de résultats meilleurs ou plus rapides ? Ou bien, si l'on pense que d'autres orientations auraient pu être proposées, quelles seraient, aujourd'hui, ces alternatives envisageables quant à la répartition des avantages et des coûts de ces activités et de leur croissance, entre les nations, les régions, les groupes sociaux, les catégories de revenus ? Plus précisément encore : la répartition existante des avantages, des coûts et des potentialités de la construction européenne et son évolution prévisible sont-elles satisfaisantes, non pas dans l'absolu, mais au regard des enjeux réels et proclamés de l'intégration européenne, en termes de progrès, de justice sociale, de dignité de tous, d'influence dans le monde, de démocratie, ou d'autres objectifs collectifs jugés essentiels ?

Je ne formule pas une telle question pour prétendre la résoudre en quelques sentences définitives, et je crois d'ailleurs que personne ne peut prétendre offrir une réponse simpliste à une question aussi délicate. Mais je la pose parce que je crois, justement, que la question n'est plus aujourd'hui : « la construction européenne est-elle souhaitable ? » - elle l'est, bien évidemment -, mais plutôt : « quelle Europe est aujourd'hui souhaitable ? », en fonction de l'expérience acquise et surtout des défis nouveaux, internes et externes, qui modifient aujourd'hui les perspectives de cette construction. Et c'est bien pour cette raison que les hésitations actuelles sont inquiétantes, et que le « non » opposé en 2005, par la France notamment, au projet de constitution européenne, n'était pas d'abord un acte anti-européen, mais témoignait au contraire du souhait d'une orientation différente pour l'avenir de l'Europe. Ces alternatives existent, elles peuvent être explorées.

Je voudrais noter encore quelques interrogations qui se posent à l'Europe dans cette perspective.

La première, et l'une des plus générales, est celle de l'insuffisance, uniformément reconnue, de la *gouvernance économique* de l'Union. Il n'y a pas, à ce niveau, de véritable instance de décision comparable à un ministère des Finances européen, avec une autorité suffisante pour transcender les rapports de forces dans les multiples revendications de souveraineté nationale ; mais plutôt une sorte de consensus mou, fait à la fois de multiples pressions d'intérêts nationaux et d'adhésion à une idéologie qu'il faut bien qualifier de « néo- libérale », de plus en plus prononcée dans les milieux européens[45]. Cette idéologie se traduit notamment par le poids considérable des lobbies économiques internationaux au sein du Parlement et de la Commission ; par le caractère prédominant de l'idéologie du libre échange, dans les accords internationaux envisagés par l'Union (le Traité transatlantique, par exemple), et en conséquence, par la

---

[45] Dans le chapitre 7 de son ouvrage récent sur *Le mal européen,* Guy VERHOFSTADT (Plon, 2016) insiste sur la nécessité d'« un gouvernement pour l'euro », bien au-delà d'un pacte de stabilité « ficelé à la hâte » (page 333) : il souhaite « un véritable gouvernement, sous la direction d'un ministre européen des Finances, et composé des membres de la Commission européenne compétents pour les portefeuilles directement liés à la zone euro » (page 341).

réticence opposée, non pas au protectionnisme généralisé, ce qui serait légitime, mais à la protection des intérêts sociaux ou sanitaires qui mériteraient le plus d'être protégés ; ou encore dans l'importance automatiquement accordée aux critères de l'orthodoxie économique (en termes de concurrence, de libre échange, de flexibilité du marché du travail) ou budgétaire (en termes de déficit et d'endettement). L'harmonisation des fiscalités nationales reste officiellement souhaitée en principe, mais elle est loin d'être réalisée, et cette situation conduit à de multiples formes de concurrence entre Etats qui sont assez loin des intentions proclamées au nom des idéaux européens. Et les disparités salariales qui subsistent au sein de l'Europe sont aussi à la source de multiples tensions de concurrence, non plus entre Etats mais entre catégories de salariés. La surprise n'est pas dans la survivance de ces formes de concurrence, mais dans le fait qu'elles continuent de s'exacerber plutôt que de s'acheminer vers une solution progressive. Enfin, il faudrait évidemment ajouter à cette liste, déjà fort lourde, les difficultés actuelles de l'euro : sans prétendre les résumer ici, il faut tout de même noter qu'après une aussi longue préparation de l'union monétaire par une armée d'experts ultra-qualifiés, le citoyen ordinaire peut s'étonner de s'entendre dire aujourd'hui que, bien évidemment, une monnaie commune ne peut guère fonctionner sans une politique budgétaire commune[46] : on n'y avait donc pas pensé ? Or, l'Union

---

[46] « Les inventeurs et les fondateurs de l'euro ont commis une erreur capitale dès le départ. Ils ont signé pour les avantages liés à la monnaie commune, mais n'ont pu s'entendre sur les contraintes et la répartition des charges »
Daniel COHN-BENDIT et Guy VERHOFSTADT, *Debout l'Europe !*, *op.cit.*, page 10. Dans son ouvrage plus récent, Guy VERHOFSTADT souligne qu'il n'y a jamais eu de vrai budget européen avec de vrais impôts, mais une pratique permanente de saupoudrage sans rapport

européenne est encore fort éloignée d'une telle politique budgétaire.

Une Europe fédérale ?

En résumé, cette évocation - certes très rapide - des difficultés de la gouvernance économique européenne conduit à la constatation d'un paradoxe assez embarrassant : l'Europe n'existe guère sur le plan politique, elle a concentré ses préoccupations sur les questions économiques et les réglementations surabondantes qu'elle croit devoir y apporter ; mais on s'aperçoit que certaines parmi les plus importantes de ces questions économiques ne sont nullement résolues - l'égalisation progressive des rémunérations et des assurances sociales, par exemple, ou l'harmonisation fiscale, ou la protection contre les dérives manifestes du libre-échange généralisé, ou encore l'importance d'un budget communautaire à la hauteur des ambitions européennes -, alors qu'elles paraissaient parmi les conditions les plus indispensables pour atteindre les idéaux essentiels de prospérité, de justice sociale et d'influence dans le monde qui sont proclamés par l'Europe. Et l'inquiétude à ce propos ne provient pas d'abord de ce que ces questions ne sont pas encore résolues - ce qui était sans doute inévitable, car chacun sait qu'elles sont très neuves et éminemment difficiles -, mais plutôt de ce que les conditions politiques de résolution de ces questions économiques ne sont nullement assurées : l'Europe paraît se réfugier frileusement dans le conservatisme et les idéologies vieillies de l'intérêt général, alors qu'elle avait montré le chemin d'une organisation très nouvelle des relations internationales. Et

---

avec des objectifs communs (Guy VERHOFSTADT, *Le mal européen*, *op.cit.*, page 265).

l'opinion publique n'y comprend plus grand-chose. Le problème est donc, encore une fois, de nature *citoyenne*, plus politique, idéologique et même conceptuel que technique et économique ; mais la recherche des solutions ne semble guère progresser dans cette direction.

On parle aujourd'hui d'une « Europe fédérale ». Dans son ouvrage de réflexion politique déjà cité, assez remarquable, l'ancien Premier Ministre belge, Guy Verhofstadt, rappelle que l'idée d'un Etat fédéral « repose sur la subsidiarité : le pouvoir est partagé et est exercé à l'échelon le plus proche des citoyens »[47]. Dans une telle perspective, il semble que la véritable ambition d'une « Europe fédérale » devrait se traduire aujourd'hui, au premier chef, non pas dans la multiplication des réglementations ou des institutions, mais par *une transformation des pensées, des attitudes et des comportements qui prenne en compte plus directement, plus explicitement, la réalité même de l'existence de l'Europe en tant que collectivité nouvelle* : une existence réelle qui ne supprime pas, mais qui transcende les collectivités nationales, et leur suggère une nouvelle manière d'agir[48].

Peut-on conclure cette brève évocation des problèmes que soulèvent les perspectives de la construction européenne par quelques propositions plus constructives ? Je me limite à quelques points essentiels : la nécessité de *revenir aux objectifs* fondamentaux de ce grand projet,

---

[47] Guy VERHOFSTADT, *Le mal européen, op.cit.*, page 377.

[48] C'est ce que suggèrent encore les auteurs de *Debout l'Europe !*, lorsqu'ils écrivent : « Comment reconnaître des Européens ? Pas tant à la couleur de leur peau, à leur nationalité ou à leur langue. Mais plutôt à leur manière de penser et de faire. A leur regard sur les gens et les choses. » (*op.cit.*, page 63).

quitte à les adapter en tenant compte des changements les plus importants du contexte international ; les exigences de la *cohésion, de la solidarité et de l'efficacité*, qui dépendent plus de la précision et de la clarté des relations entre nations et entre gouvernements que de l'élargissement incessant du nombre des membres ; le réexamen des critères du *partage souhaitable du pouvoir de décision entre nations et Europe* ; et enfin la priorité qu'il faudrait accorder plus systématiquement aux *grands problèmes fondamentaux* de l'ensemble européen - le maintien d'un niveau de vie satisfaisant ; les modalités de l'influence de l'Europe dans le monde, dans divers domaines ouverts à la coopération internationale (les droits de l'homme, la paix, les migrations, la culture, la recherche) ; la réduction des inégalités excessives ; les relations avec les régions environnantes telles que le Maghreb, l'Afrique subsaharienne, le Moyen-Orient, l'Est Européen, et aussi les relations avec les grandes puissances actuelles ou émergentes (Etats-Unis, Russie, Chine, Inde) ; les grands enjeux écologiques de la planète - plutôt qu'à la multiplication des interventions bureaucratiques d'importance secondaire.

Postface sur les perspectives européennes : le coup de tonnerre du « Brexit »

Par le referendum national du 23 juin 2016, les citoyens britanniques ont décidé, à une majorité indiscutable (52%), de quitter définitivement l'Union Européenne.

J'écris ces notes le 25 juin, et il est certes trop tôt pour proposer un commentaire serein sur un tel bouleversement. Je crois cependant pouvoir suggérer quelques premières observations en accord avec la perspective adoptée dans l'ensemble de cet ouvrage, et donc avec plusieurs des conclusions principales de mes recherches passées. Mes réactions sont cependant, simplement, celles d'un citoyen essayant de comprendre un problème collectif de grande dimension, en privilégiant systématiquement une approche globale ; elles ne se présentent pas comme des observations de technicien développant ses arguments à partir de compétences spécialisées, compétences auxquelles je ne prétends d'ailleurs pas personnellement.

Je voudrais distinguer successivement : les caractères de la procédure suivie et ses conséquences sur les résultats du vote ; la signification de la décision prise quant à l'importance réelle des problèmes soulevés, et quant aux orientations des solutions qui vont en découler ; les conclusions qu'il faut en tirer d'urgence si l'on veut éviter la perspective d'une désagrégation rapide, mais probable, de la construction européenne.

Une procédure de décision discutable, qui pouvait sans doute être évitée.

Le referendum a été décidé par un Premier Ministre, David Cameron, qui a successivement exprimé des opinions contradictoires sur ce qu'il souhaitait pour la Grande Bretagne - « euro-sceptique », puis résigné à une acceptation du « remain » - et enfin joué son va-tout sur un pari personnel et collectif hasardeux. Mais si l'on écoute ses déclarations, il semble surtout avoir choisi ces positions successives à partir d'opinions très superficielles, et peut-être même très liées à de simples ambitions personnelles : mais bien sûr de tels choix paraissent avoir été particulièrement fréquents dans toute la classe politique à cette occasion, et manifestement inspirés par les ambitions de carrières personnelles de chacun, bien ou mal placées. Quoiqu'il en soit, on peut s'inquiéter du jugement formulé par un vieux routier du journalisme politique et économique international, dont le sérieux n'est généralement pas mis en doute - Martin Wolf, du « Financial Times » - qui a déclaré qu'en quarante ans d'observation professionnelle du gouvernement britannique, il n'avait jamais assisté à une telle manifestation d'« irresponsabilité » de la part d'un chef de gouvernement.

Mais un referendum est un referendum : il donne le pouvoir au nombre. D'un côté comme de l'autre, les autorités politiques ne semblent pas avoir pensé à estimer à l'avance le nombre probable des votes dans chacun des deux camps, ni d'ailleurs préparé les grandes lignes des politiques alternatives qu'elles se proposaient de mener selon les résultats. Estimation bien difficile, évidemment ; mais il est tout de même étonnant que ces autorités n'aient pas pris conscience à l'avance de la véritable fracture sociale (et aussi géographique) qui sépare deux mondes dans la Grande-Bretagne d'aujourd'hui : d'une part, une population privilégiée, éduquée, informée, matériellement à l'aise, habitant les grandes villes, comprenant notamment une « élite » dont font partie les milieux de la City, les technocrates (dont le discours est souvent incompréhensible pour le citoyen non averti) et la plupart des universitaires ; et d'autre part, une population plus modeste, plus pauvre, sans grand pouvoir ni grande information, à qui on n'avait guère expliqué les enjeux de ce vote, et qui les a ressentis principalement en termes d'opposition entre riches et pauvres, entre fonctionnaires irresponsables et classes laborieuses à revenus modestes. D'autant plus que divers politiciens n'ont pas hésité à manipuler cette partie de la population, en les flattant - les classes « populaires », c'est-à-dire « les gens honnêtes », a dit par exemple Nigel Farage, leader démagogique de l'UKIP – mais en évitant soigneusement, semble-t-il, de leur exposer clairement la complexité des enjeux. Enjeux qui pouvaient d'ailleurs être diversement compris, même parmi les citoyens les plus sincères : parce que les grands idéaux de paix, d'équilibre et de cohésion politique qui avaient été formulés en Europe continentale par les « grands fondateurs » au lendemain de la guerre, étaient bien différents de ce qui a toujours attiré les Anglais dans l'Union, à savoir l'ambition d'une puissance essentiellement économique et financière…

On retrouve ainsi le vieux clivage, qui oppose très artificiellement approche politique et approche économique des problèmes de société. Clivage aggravé encore par un divorce entre l'opinion publique et la représentation parlementaire (dont on affirme qu'elle a voté, dans son immense majorité, contre le « Brexit »). Aujourd'hui, à en croire la presse, les « riches » et les puissants paniquent, et les « pauvres » croient pouvoir triompher, mais cela sera bref : tout le monde va souffrir de l'erreur profonde qui vient d'être commise, même si les puissants ont, eux, de meilleures armes pour se défendre. Bien des médias britanniques et internationaux ont joué un jeu tout aussi partial et simpliste : l'information a souvent cédé la place à une propagande démagogique de bas étage. L'écoute de l'autre et l'ouverture au pluralisme ont rarement été oubliés de manière plus spectaculaire dans un débat politique de cette importance. Et les rivalités de personnes ont commencé à se déchaîner ouvertement.

Enjeux et périls réels

Il faut évidemment dépasser ces premières réactions de nature « épidermique », et tenter de comprendre plus en profondeur ce qui s'est réellement passé. Je me borne à trois observations de ce point de vue. Les deux premières sont les plus fondamentales.

Car si l'on veut juger des perspectives nées ce 23 juin 2016, il faut d'abord se référer à une juste appréciation de ce qu'était devenue, à cette date, l'idée de l'Europe. J'ai beaucoup insisté sur le caractère exceptionnel de l'aventure européenne depuis soixante ans, et je crois toujours fondamentalement à son extraordinaire potentiel dans le monde actuel. Mais il faut bien reconnaître que l'image offerte aujourd'hui par la construction européenne est désastreuse, caricaturale, par rapport à ses ambitions initiales : c'est une utopie sans projets, un rêve sans réalisation, un présent difficile et compliqué sans plus aucune promesse d'avenir, une technocratie sans démocratie. Et une opinion publique déboussolée, résignée, sans espoir sérieux, parce qu'elle n'y comprend plus rien. Mais ce n'est pas d'abord une dérive bureaucratique ; plus gravement, c'est *l'échec, au moins provisoire, d'une véritable tentative de civilisation qui n'a pas été comprise.* En Grande Bretagne certainement, mais sans doute aussi ailleurs en Europe. C'est cette réalité actuelle qu'il va falloir changer d'urgence aujourd'hui, si l'on veut garder la moindre raison de confiance dans l'avenir : pour que l'avenir ait de nouvelles chances, il faut très rapidement repartir sur d'autres bases, radicalement distinctes de la situation actuelle, et ces bases doivent être au cœur d'un grand débat.

Mais quelles peuvent être ces bases ? Il ne faut pas les chercher ailleurs que dans les *grands enjeux* qui ont été considérés par les fondateurs et qui ont été sans cesse rappelés dans les pages qui précèdent : ceux de la paix et de la sécurité, de la réponse aux besoins essentiels pour tous, de la prospérité collective et de l'équilibre social, du respect du capital naturel, d'un rayonnement politique et culturel sans cesse accru dans le monde ; et non pas seulement ceux d'un élargissement incessant des frontières de l'Union sans autre ambition commune que celle d'une expansion des échanges commerciaux et financiers. Il importe de donner un contenu nouveau à ces idées de paix, de sécurité, de prospérité, de rayonnement, en fonction des situations nouvelles dans le monde. Il faut pour cela un grand débat démocratique axé sur l'avenir et sur les défis redoutables qu'il comporte. Et il faudra ensuite passer rapidement de ces grandes idées à leur traduction pratique en programmes politiques concrets[49].

La difficulté de ce débat, cependant – et la troisième exigence qu'il faut souligner en conséquence – est celle de *se débarrasser de tout ce qui est secondaire pour aller très vite à ces enjeux essentiels,* dont la liste est déjà bien connue. Or l'un des résultats pratiques les plus probables du « Brexit » (dès aujourd'hui, mais cela pourrait durer cinq ou dix ans) va sans doute être de concentrer la majorité des forces disponibles sur la re-discussion de milliers de pages d'accords avec les Britanniques, sans faire progresser de manière significative la prise en compte des enjeux les plus importants. Une perte de temps gigantesque pour organiser une sorte de retraite, alors qu'il y a urgence pour imaginer de nouvelles solutions aux nouveaux problèmes du moment ; un risque grave de nouvelles tentatives d'« exit » de plusieurs pays membres, alors qu'il faudrait d'urgence renforcer la solidarité pour faire face aux défis de l'avenir.

---

[49] Voir dans ce sens l'article d'Olivier COSTA, « « Gagnants » contre « perdants » », *Le Monde*, 2 juillet 2016

Conclusions pour l'Europe de demain

La situation n'est peut-être pas désespérée, mais elle s'est gravement compliquée. Ce sont donc les forces porteuses de projets d'avenir novateurs pour l'Europe qu'il faut désormais réunir et faire discuter très rapidement, en essayant de ramener à la raison les forces ultra-conservatrices et les intérêts particuliers étroits qui viennent de provoquer la catastrophe du référendum britannique, dans une ignorance presque totale des grands enjeux du débat nécessaire. Il faudra essayer, aussi, de canaliser très vite, et surtout de ré-orienter, les revendications nouvelles qui risquent de surgir partout en Europe, puisque aujourd'hui tout paraît désormais possible, jusqu'à la disparition pratique de l'ensemble européen en tant qu'acteur collectif. Je ne peux guère faire plus, ici, que d'exprimer mes propres convictions et de les présenter comme des éléments parmi d'autres pour le débat nécessaire.

Dans cette perspective, il ne faut pas chercher à recoller les morceaux cassés et à retrouver les illusions du passé : il *faut repartir avec un projet nouveau, radicalement différent de celui qui vient de s'enliser, même et surtout si l'on considère que les enjeux essentiels demeurent identiques*. Un projet plus simple, moins technocratique, plus explicitement humain, mieux argumenté pour provoquer une adhésion démocratique, et sans doute plus ouvert pour tenir compte de la diversité des pays membres et de leurs aspirations. Je ne sais pas si une Europe « à plusieurs vitesses » est techniquement viable et politiquement souhaitable ; je crois en toute hypothèse que la reconstruction ne pourra se faire qu'à partir d'un groupe restreint de pays partageant fondamentalement une même ambition pour l'Europe, et que d'autres formes d'associations à un tel projet ne pourront être conçues que par la suite, et par référence à un projet initial repensé en profondeur.

Je répète enfin - parce que je retrouve une nouvelle fois, à ce propos, les conclusions que m'ont enseignées des recherches et des expériences assez anciennes - :

- que *ce projet sera de nature éminemment politique ou ne sera pas*, ce qui veut dire qu'il doit définir ses finalités et ses objectifs essentiels avant de se concentrer sur les questions de procédure et sur les problèmes d'organisation économique et financière, qu'il soulèvera bien évidemment, mais qui ne peuvent déterminer souverainement les réponses aux grands défis identifiés ;

- que ces finalités et ces objectifs devront être pensés dans *une perspective de longue échéance,* à la fois par référence au passé et pour construire un projet d'avenir, en dépit des incertitudes qui s'attachent inévitablement à la longue durée, parce qu'une société et une civilisation ne se construisent pas en un jour ;

- et enfin, qu'un tel projet devra être préparé avec toute la *pédagogie* nécessaire - ce qui supposera des efforts d'explication et de formation pour tous -, mais aussi une ouverture *démocratique* beaucoup plus authentique, ce qui supposera des formes entièrement nouvelles de dialogues avec les populations concernées.

L'Europe garde aujourd'hui tout le potentiel pour mettre en œuvre pratiquement de telles perspectives de progrès. Il reste à espérer un sursaut européen à l'occasion de cette mésaventure du « Brexit ». Mais la tâche sera considérable : le mal est profond et ne vient pas de la seule Grande-Bretagne. Si l'on en croit les observations rappelées ci-dessus, Hubert Vedrine a raison lorsqu'il voit dans cet échec le résultat d'un « décrochage des peuples » généralisé [50] : c'est l'ensemble de l'Europe qui doit aujourd'hui se remettre en question et redéfinir sa vocation.

[50] Interview sur *Arte,* le 27 juin 2016.

CONCLUSION GENERALE

Un monde en plein changement, désespérément en quête d'améliorations dans ses conditions de vie, matérielles, culturelles et spirituelles, individuelles et collectives, un monde où l'aspiration au « développement » et au progrès apparaîtrait comme centrale si elle n'était pas caricaturée par les traductions qui en sont proposées par le système dominant. Des enjeux humains considérables dans les stratégies de progrès qui pourraient être envisagées, non seulement pour améliorer la condition de tous, mais d'abord pour éviter les tragédies multiples qui marquent notre monde d'aujourd'hui, et dont beaucoup sont cependant évitables. Des opportunités favorables, en raison d'un ensemble de potentialités humaines, matérielles, techniques, informationnelles, plus larges qu'elles ne l'ont jamais été dans l'histoire. Des finalités générales qui pourraient devenir relativement consensuelles, à ce niveau de généralité, mais qui doivent être construites en programmes plus précis et en listes d'objectifs prioritaires par les collectivités concernées, chacune selon sa culture et ses préférences. Des collectivités, à divers niveaux d'espaces de l'organisation humaine (local, national, régional, mondial), qui devraient et pourraient devenir davantage responsables de leurs choix politiques et technico-économiques, si ceux-ci leur étaient plus clairement présentés en termes d'alternatives. Une réhabilitation nécessaire des choix politiques, dans cette perspective, au sens le plus large du terme - les choix qui portent sur les finalités - et l'abandon du préjugé tellement répandu aujourd'hui selon lequel le développement et le progrès ne peuvent être, en définitive, qu'une affaire d'experts, d'économistes, d'ingénieurs et d'autres technocrates. L'exigence d'une conception plus équilibrée du rôle du raisonnement économique : l'économie est sans doute plus importante que jamais, mais il est d'autant plus essentiel de la resituer dans une position subordonnée par rapport aux choix de finalités de la société, et de diversifier davantage ses outils pour qu'elle ne reste pas totalement focalisée sur la seule logique du marché. Une conception renouvelée de la réflexion sur le développement à longue échéance, qui en ferait un domaine de réflexion moins esclave des intérêts matériels des plus puissants, qui l'ouvrirait à l'imagination et à la discussion de tous les citoyens, et qui se donnerait des instruments rigoureux d'un véritable dialogue entre les responsables politiques et les techniciens dans chaque domaine concerné.

Ces caractéristiques, ou plutôt ces exigences, se retrouvent dans chacun des domaines qui ont été brièvement évoqués dans la deuxième partie de cet ouvrage, et dont je rappelle qu'ils ne constituent évidemment que des exemples de l'approche nécessaire. L'énoncé de ces exigences ne suffit certes pas, en lui-même, à produire les solutions indispensables : je ne les ai mentionnées qu'en vue de *proposer certains éléments pour une méthode d'analyse de ces problèmes actuels, parce que ces éléments sont manifestement indispensables, mais insuffisamment utilisés dans le contexte de notre époque dominée par la technocratie.* Ces éléments, sur lesquels je vais revenir dans les quelques lignes qui suivent - l'urgence du progrès et de ses enjeux, l'exigence d'une approche globale de la société, la nécessité d'une perspective humaine concrète dans la longue période, la référence essentielle à un dépassement et même à une transcendance, l'importance des choix politiques de finalités prioritaires et la subordination indispensable de l'économie, la redécouverte de la dimension collective, la nécessité d'un renouveau théorique et conceptuel plus ouvert, les exigences pratiques de la démocratie, le rejet d'une conception étriquée de la souveraineté nationale -, je ne les rappelle pas une nouvelle fois parce que je les croirais originaux ou plus intelligents que d'autres ; mais parce que je les ai découverts progressivement tout au long de mon parcours de recherche, parce que j'essaie de respecter l'exigence de cohésion dans mes opinions et la fidélité à « ce que je crois » personnellement, et parce qu'il me semble que l'évolution du monde va dans le sens inverse de la plupart des convictions auxquelles je suis le plus attaché, alors même que beaucoup d'entre elles me paraissent désespérément banales.

Cependant l'approfondissement et la mise au point de cet ensemble d'exigences demanderont encore de nombreuses recherches et expérimentations. Car ces problèmes sont loin d'être résolus, et je souhaite que beaucoup d'autres chercheurs et acteurs responsables poursuivent dans l'avenir la construction d'une pensée nouvelle en ce sens. Les enjeux de société qu'une telle pensée pourrait explorer sont tellement considérables qu'ils ne permettent plus, ni la passivité ou l'aliénation de la majorité, ni le triomphe des rapports de forces sociaux au profit des plus puissants.

*

* *

Certes, il n'y a sans doute guère de sens à vouloir mettre un point final à un ensemble de réflexions et d'interrogations qui a pratiquement occupé toute une vie professionnelle. Ces réflexions et ces interrogations me resteront sans doute présentes dans chaque jour de ma vie quotidienne, même si elles se transforment sans cesse, même si elles se précisent ou au contraire s'élargissent dans de nouvelles réalités. Et pour ma part, je ne prétends ni ne souhaite me dérober à cette exigence d'une *recherche permanente,* dans la pensée comme dans les comportements.

Si cet exposé de mon itinéraire personnel doit ainsi demeurer à l'état d'une esquisse provisoire, je voudrais mettre un point final à cette présentation, non pas en répétant une nouvelle fois toutes les conclusions spécifiques qui ont déjà été formulées sur des thèmes particuliers, mais en essayant de dégager quelques *traits généraux de cet itinéraire* auxquels je tiens le plus. Je me propose de les présenter brièvement en six points.

1 - Le premier est implicite dans la formulation même de la préoccupation générale sous-jacente à tous les thèmes abordés : c'est l'idée de « développement », ou plutôt - pour éviter les ambiguïtés qui ont été dénoncées à plusieurs reprises dans les chapitres qui précèdent - la *nécessité plus impérieuse que jamais du « progrès » dans les sociétés humaines de notre temps.* Cette nécessité ne procède pas d'une mode intellectuelle provisoire, de pressions sociales particulières ou d'un souci de théorisation générale de notions dont tout le monde parle sans souci de définition précise, et encore moins à l'idée d'un processus mécanique quasi-inévitable : elle est liée, beaucoup plus profondément, au constat des drames qui ravagent aujourd'hui le monde dans lequel nous vivons, et donc du caractère de plus en plus inacceptable de ce monde. Et cela, pour des raisons qui ne découlent d'aucune fatalité à laquelle nous serions condamnés, mais de conceptions et de comportements humains, passés et présents, qui ont créé progressivement les éléments de cette situation inacceptable : j'avais proposé de les appeler, il y a un peu plus de quinze ans, les « impasses de la

modernité » [51]. Ce caractère inacceptable n'a fait que s'aggraver dans la période récente, et les tragédies multiples du début du XXIème siècle n'annoncent guère d'améliorations substantielles.

2 – Si le progrès est indispensable, il faut évidemment s'interroger sur son contenu possible et sur ses conditions de réalisation. Je voudrais rappeler d'abord que ce progrès nécessaire s'étend, par définition, à *l'ensemble de la condition humaine*, dans ses dimensions individuelles et collectives, matérielles et spirituelles, et qu'il ne se réduit donc nullement à la croissance économique et à l'expansion d'une économie de marché par laquelle on veut aujourd'hui le caricaturer. Il demande une réflexion sur les *finalités* de l'homme et des sociétés auxquelles il appartient, sans imposer une uniformisation de ces dimensions à travers toutes les collectivités humaines et en respectant la diversité de celles-ci. C'est pourquoi j'ai cru nécessaire de souligner, à chacune des étapes du raisonnement proposé, la nécessité des *choix individuels et sociaux* à travers lesquels ce progrès peut émerger progressivement dans les différentes collectivités concernées. Ces choix procèdent d'abord de jugements de valeurs, de nature éthique et politique, puisqu'ils portent sur des finalités et non pas seulement sur des instruments : d'où le rejet d'une approche purement technologique ou économiciste des stratégies de progrès. D'où aussi le lien entre ce progrès recherché et la *culture* de chacune des collectivités concernées (à divers niveaux, du local au mondial). Les stratégies nécessaires sont ainsi bien plus qu'une simple liste de problèmes pratiques à résoudre : elles sont l'expression même de cette culture, elle procèdent d'une vision globale du monde que chacune des

---

[51] Christian COMELIAU, *Les impasses de la modernité. Critique de la marchandisation du monde*, Seuil, Paris, 2000, 270 pages.

sociétés va se forger et qu'elle va tenter de réaliser en échange avec toutes les sociétés partenaires.

3 - La complexité d'un tel défi - qui constitue le défi central du monde contemporain - est certes considérable, mais rien ne permet d'affirmer qu'il soit insoluble. Elle impose cependant des *exigences de méthode* multiples sur lesquelles ce texte a beaucoup insisté, non pas parce que ces exigences devraient se traduire partout de manière uniforme, mais parce qu'elles correspondent à des *problèmes de fond* qui sont communs à la plupart des sociétés de la planète : ce sont ces problèmes de fond que j'ai tenté d'évoquer ici, et non pas leurs spécificités locales, infiniment diversifiées. Je rappelle en particulier, pour mémoire, la nécessité d'une *approche concrète et pragmatique des problèmes réels de société à résoudre*, celle d'une *vision globale* des interdépendances entre ces problèmes et d'une perspective de long terme, celle aussi de la nécessité de dégager de véritables *priorités* sociales par un effort de planification permanente des stratégies à entreprendre ; une telle approche s'appuiera utilement sur un réexamen des *concepts théoriques* en vigueur, mais la théorie n'est pas en elle-même l'objet de l'étude des stratégies de développement. Cependant, la réalité contemporaine se caractérise bien plus par l'absence de telles stratégies, et même de toute vision d'ensemble, par l'obsession des exigences du très court terme, et par l'attention quasiment exclusive attachée par les décideurs et les responsables, en pratique, aux moyens (financiers et procéduraux, notamment), aux dimensions macro-économiques (croissance du PIB, conséquences budgétaires, équilibres entre agrégats comptables), et aussi aux intérêts strictement personnels, plutôt qu'aux buts réels à atteindre et à la satisfaction des besoins concrets des hommes et des sociétés. Loin de s'atténuer, ces

déficiences de nos stratégies ne font aujourd'hui que se perpétuer en s'aggravant. Elles révèlent ainsi, à nouveau, une orientation profonde de notre *culture* : l'obsession de l'économie et de l'enrichissement illimité en est sans doute largement responsable. Mais ce n'est pas une collection de mesures d'adaptation de la gestion économique qui suffira à transformer notre culture : le défi de notre maîtrise de l'histoire est infiniment plus vaste, il met en cause l'essentiel de notre conception de la condition humaine et de nos ambitions.

4 - Dans ces préoccupations qui ont occupé l'essentiel de mon parcours de chercheur, je me suis demandé constamment si je pouvais parler d'un véritable *engagement personnel* vis-à-vis de l'objet de cette recherche et de ses implications, et en quoi cet engagement avait consisté principalement, au-delà des variations dues aux travaux, assez divers, qui m'avaient été demandés par mes employeurs successifs. Je ne tenterai certes pas de mettre en valeur ici les engagements que j'aurais assumés, ou de m'excuser pour ceux que je n'aurais pas acceptés. Je voudrais seulement rappeler que, au-delà de l'engagement d'un citoyen préoccupé des problèmes de l'évolution du monde dans lequel il vit, mon activité n'a jamais été celle d'un responsable politique ou d'un décideur public, ni d'ailleurs celle d'un responsable d'entreprise ou d'association. Mon activité a été principalement de nature *intellectuelle* (et parfois technique), soit pour contribuer à la *préparation de certaines décisions politiques*, soit pour faire avancer la *recherche* nécessaire à la connaissance et à l'action dans le domaine du développement, soit encore dans l'enseignement pour *faire mieux comprendre à des générations d'étudiants, en Europe ou ailleurs, la nature des enjeux et des difficultés de ce développement*. Et, sans

que je puisse me prononcer sur les réactions diverses de mes audiences successives, c'est certainement dans ce dernier domaine de l'enseignement et de la direction de recherches, comme je l'ai expliqué à plusieurs reprises, que mes activités et mes échanges se sont révélés les plus gratifiants pour moi-même.

5 – Sans prétendre faire la leçon à quiconque, je voudrais aussi souligner, non pas les *qualités* qui ont été ou qui n'ont pas été les miennes dans ce travail, mais celles qui me paraissent aujourd'hui les plus importantes pour assurer au mieux de telles responsabilités. J'ai fréquemment évoqué la nécessité d'une poursuite plus intransigeante et plus complète de la *vérité* dans tous les domaines concernés : celle-ci s'oppose d'abord aux attitudes pontifiantes de ceux qui « savent » et prétendent tout enseigner à ceux qui ne « savent pas », que ce soit dans l'enseignement, dans la conception des politiques publiques, ou dans les décisions de mise en œuvre de ces politiques. Mais je crois que cette poursuite inlassable de la vérité doit aussi se traduire par des interrogations qui dépassent les domaines disciplinaires traditionnellement rattachés au développement, pour se préoccuper de l'ensemble de la culture, y compris dans ses dimensions non utilitaires et même transcendantales[52]. Je veux ajouter, à cette évocation des qualités nécessaires, des préoccupations plusieurs fois évoquées dans le texte qui précède : le souci renouvelé de la dimension collective, la

---

[52] Je voudrais citer cette réflexion du sinologue belge récemment disparu, Simon LEYS, qui plaça sans cesse sa réflexion à l'intersection des domaines politique et artistique et qui écrivit en 1967 : « Après tout, les empires disparaissent, tandis que seuls restent des poèmes et des peintures pour nous réconcilier avec le monde, et garder foi en l'homme » (lettre de Simon Leys à H.Lavachery, 17 septembre 1967, citée dans Philippe PAQUET, *Simon Leys, navigateur entre les mondes*, Gallimard, Paris, 2016, page 247).

capacité de confronter systématiquement les réalités observées aux instruments théoriques, la lutte contre la domination d'une discipline unique quelle qu'elle soit ; et aussi, la capacité de synthèse pour distinguer l'essentiel de l'accessoire, notamment dans l'identification des problèmes existentiels de la condition humaine, individuelle et collective, et dans la recherche perpétuelle de sens qui y est intrinsèquement liée. Je mentionne enfin une qualité qui me paraît essentielle dans une recherche de longue période : celle de la *fidélité à soi-même*. Celle-ci ne postule évidemment pas l'absence de changement dans les opinions, selon les progrès effectués par le chercheur dans sa connaissance des réalités sociales ; mais elle est une fidélité aux valeurs auxquelles il croit, et elle s'oppose à l'opportunisme à court terme lié au monde de la politique, de l'argent et de la célébrité.

6 - De telles perspectives resteront-elles nécessairement utopiques ? C'est un risque réel, bien évidemment, mais je crois personnellement qu'elles peuvent y échapper. Je me refuse cependant, comme on le demande assez souvent, à terminer cette réflexion par *un programme de propositions à court terme* qui pourrait enclencher la mise en œuvre d'une telle perspective : d'abord parce qu'un tel programme ne peut avoir de sens que dans un contexte spécifique bien déterminé, et ensuite parce que de telles propositions ne peuvent émaner que d'une collectivité, ou au moins d'une équipe structurée, qui soit capable d'en organiser la mise en œuvre. Et puisque ma conclusion s'affirme délibérément comme provisoire, je l'achèverai simplement en formulant une nouvelle fois un de mes vœux les plus chers, parce qu'il se situe dans la ligne de ce qui fut mon activité principale tout au long de ma vie : c'est celui *d'un renouveau de la recherche et de l'enseignement en sciences sociales et humaines, dans un*

cadre plus politique, moins dominé par une idéologie, plus rigoureux sur le plan intellectuel, plus interdisciplinaire, mais surtout plus proche des réalités sociales et naturelles les plus profondes.

REFERENCES BIBLIOGRAPHIQUES CITEES DANS LE TEXTE[53]

BADHURI, Amit : *Essays in the Reconstruction of Political Economy,* Aakar Books, Delhi,2010.

BIRNBAUM, Jean : *Un silence religieux. La gauche face au djihadisme,* Seuil, Paris, 2015.

COHN-BENDIT, Daniel et VERHOFSTADT, Guy : *Debout l'Europe. Manifeste pour une révolution post-nationale en Europe*, Actes Sud, André Versailles éditeur, Bruxelles, 2012.

Economie Politique : « Pour une politique économique de gauche », *Economie Politique,* n°63, juillet 2014.

Economie Politique ; « Faut-il défendre le revenu de base ? », *Economie Politique,* n°67, juillet 2015.

FABER, Mike and SEERS, Dudley : *The Crisis in Planning*, 2 volumes, published by Chatto and Windus for Sussex University Press, 1972.

FRANK, Odile : "Social Protection, Universal Health Coverage and Human Dignity : the Role of the Work Force in Social Development", NGO Forum for Health, *Newsletter of the International Council for Social Development*, March 2016.

HITCH, Charles J. and McKEAN, Roland N. : *The Economics of Defense in the Nuclear Age,*

[53] Cette bibliographie ne comprend pas les travaux de l'auteur, qui font l'objet d'une liste plus détaillée en annexe.

Harvard University Press, 1967.

HUXLEY, Aldous : *Le meilleur des mondes* (1932), trad. franç., Pocket, 2002.

Interfuturs : *Face aux futurs. Pour une maîtrise du vraisemblable et une gestion de l'imprévisible*, OCDE, Paris, 1979.

KEYNES, John Maynard : « Perspectives économiques pour nos petits-enfants » (1930), trad. franç. dans : *La poursuite de l'abondance*, Gallimard, Tel, Paris, 2002.

PAQUET, Philippe : *Simon Leys, navigateur entre les mondes*, Gallimard, Paris, 2016.

PIKETTY, Thomas : *Le capital au XXème siècle*, Seuil, Paris, 2013.

REVEL, Jean-François : *Pourquoi des philosophes ?* Jean-Jacques Pauvert, Paris, 1957.

ROUSSEAU, Jean-Jacques, *Du Contract Social*, (1771), la Pléiade, 1966.

SCHUMPETER, Joseph : *Théorie du développement*, Paris, 1937.

VERHOFSTADT, Guy : *Le mal européen*, trad. franç., préface de Daniel Cohn-Bendit, Tribune Libre, Plon, Paris, 2016.

ANNEXE
PRINCIPALES PUBLICATIONS DU MEME AUTEUR

<u>*Note de présentation*</u>

Je propose ci-dessous une liste assez extensive (mais pas vraiment exhaustive) de mes publications depuis le début de ma carrière professionnelle. Le but de cette liste est simplement d'appuyer, par une série de références, les idées d'ordre général qui ont été synthétisées et présentées dans cet ouvrage, sans qu'il soit possible de les détailler davantage.

Je n'ai pas mentionné dans cette liste un certain nombre de documents dont j'étais parfois l'auteur principal, mais qui constituaient plutôt des textes destinés en priorité à l'organisation qui en avait commandé la rédaction, et qui n'ont pas fait l'objet de publications officielles. C'est notamment le cas :

- *de certains rapports préparatoires aux travaux de planification au Congo en 1966 ;*

- *de divers rapports que j'ai rédigés pour la Banque mondiale, seul ou avec des collaborateurs, sur la situation économique générale de certains pays, et en particulier sur le programme de développement régional au Maroc en 1975 ;*

- *d'études assez détaillées sur les diverses régions du monde en développement, rédigées pour la préparation du rapport d'Interfuturs en 1978-79 ;*

- *de divers documents de travail préparatoires au IXme Plan français, en particulier de deux groupes de travail, l'un sur la coopération au développement, l'autre sur l'impasse Nord-Sud ;*

- *de divers documents préparatoires au rapport Hessel sur la coopération ;*

- *des rapports que j'ai rédigés à la suite de diverses missions pour le compte du PNUD ou de la coopération française, notamment sur les rapports entre la planification du développement et les programmes d'ajustement structurel dans divers pays africains.*

La liste ci-dessous est divisée en quatre sections : la première rassemble mes ouvrages personnels ; la deuxième, des ouvrages collectifs dont j'ai assuré la direction ; la troisième, les textes que j'ai rédigés sous la forme d'articles pour des revues ou comme des contributions à des ouvrages collectifs ; la quatrième énumère enfin des recensions critiques d'ouvrages (de nature principalement socio-économique ou politique) que j'ai écrites pour « La Quinzaine Littéraire » à Paris entre 2005 et 2015.

1 - Ouvrages

Fonctions économiques et pouvoir politique. La province de l'Uele en 1963-1964, Léopoldville, IRES, Université Lovanium, 1965, 150 pages.

Conditions de la planification du développement. L'exemple du Congo, Paris et la Haye, Mouton, 1969, 370 pages.

Economie non marchande et développement (en collaboration avec Hugues LECLERCQ), Université de Louvain-la-Neuve, 1978, 368 pages.

Mythes et espoirs du tiers-mondisme, Paris, Cetral-l'Harmattan, 1986, 188 pages.

Les relations Nord-Sud, Paris, la Découverte, collection « Repères », 1990, 120 pages.

Planifier le développement : illusion ou réalité ? Louvain-la-Neuve, Academia-Bruylant, et Paris, l'Harmattan, 1999, 120 pages.

Les impasses de la modernité. Critique de la marchandisation du monde, Paris, Seuil, collection « Economie humaine », 2000, 270 pages (available also in English, Zed Books).

La croissance ou le progrès ? Croissance, décroissance, développement, Paris, Seuil, collection « Economie humaine », 2006.

L'économie contre le développement ? Pour une éthique du développement mondialisé, Paris, l'Harmattan, préface de Stéphane HESSEL, 2009, 272 pages.

Ambiguïtés des politiques publiques, Toulouse, Editions Privat, « Le comptoir des idées », 2014, 256 pages.

2 - Direction d'ouvrages collectifs

Interdépendance et styles de développement, Paris, Centre de développement de l'OCDE, 1985.

Histoire, cultures et styles de développement. Brésil et Inde (direction en collaboration avec Ignacy SACHS), Paris-Unesco et Cetral-l'Harmattan, 1988.

Ingérence économique. La mécanique de la soumission, Nouveaux Cahiers de l'IUED, n° 2, Paris-PUF et Genève-IUED, 1994.

L'économie à la recherche du développement. Crise d'une théorie, violence d'une pratique, Nouveaux Cahiers de l'IUED, n°5, Paris-PUF et Genève-IUED, 1996.

Brouillons pour l'avenir. Contributions au débat sur les alternatives, Nouveaux Cahiers de l'IUED, n°14, Paris-PUF et Genève-IUED, 2003.

Le défi social du développement. Globalisation et inégalités, Genève-IUED et Paris-Karthala, 2006.

Développement durable et responsabilité citoyenne, Toulouse, Editions Privat, « Le comptoir des idées », 2012.

3 - Principaux articles publiés et contributions à des ouvrages collectifs

« La planification en économie de marché. Aspects théoriques », *Cahiers Economiques et Sociaux*, IRES, IV, 3, octobre 1966, p.318-332.

« Conclusions générales », in : IRES, *Indépendance, inflation, développement. L'économie congolaise de 1960 à 1965*, Université Lovanium, Mouton, Paris-la Haye, 1968, p.807-825.

« Christianisme et développement », recension de L. Van Baelen : « Morale du développement. Le problème des pays en voie de développement », *Etudes congolaises,* XII, 3, juillet-septembre 1969, p.121-131.

« Pour une stratégie de la planification au Congo », *Cahiers Economiques et Sociaux*, IRES, VII, 2-3, septembre 1969, p.285-302.

« Réflexions sur l'expérience yougoslave de planification », *Cahiers Economiques et Sociaux*, IRES, VII, 2-3, septembre 1969, p.315-348.

« Approche économique de la recherche scientifique », *Etudes zaïroises*, 2, septembre-octobre 1973, p.38-46.

« L'économie du développement dans l'impasse ? », *Cultures et Développement* (Louvain-la-Neuve), VI, 1, 1974, p.3-21.

« L'Université Nationale du Zaïre en 1974 : un diagnostic », *Zaïre-Afrique*, n°83, mars 1974, p.151-160.

« L'Université dans la nation : options et propositions pour l'avenir », *Zaïre-Afrique*, n°84, avril 1974, p.207-220.

« Some problems of the future in OECD countries", in : D. Petzina und G. van Roon, *Konjunktur, Krise, Gesellschaft*, Klette-Cotta, Stuttgart, 1981, p.191-205.

« Les styles de développement : interdependance ou domination ? », *Mondes en développement,* 37-38, 1982, p.223-232.

« Tiers Monde et économie mondiale », *Futuribles*, 70, octobre 1983, p.71-89.

« Les propositions de transferts massifs des ressources du Nord vers le Sud », in *Economie du Développement,* Recherches Economiques et Sociales, Commissariat Général du Plan, Paris, la Documentation Française, 11-12, 1984, p.95-120.

« Perspectives du Tiers Monde : la fin des illusions ? », *CFDT Aujourd'hui*, n°75, septembre-octobre 1985, p.13-26.

« North-South Relations and Ninth French Plan », *Indian Journal of Quantitative Economics,* Amritsar, I, 2 1985, p.89-98.

"Eléments de stratégies alternatives de rapports Nord-Sud" (avec Ignacy SACHS), in S. MAPPA (dir.), *Pour une définition de nouveaux rapports Nord-Sud*, Forum International pour la sortie de crise, Automorphi-Publisud, 1986, p.181-196.

« Désastre en Afrique noire ? Pour une clarification du débat », *Revue Tiers Monde,* XXVII, 107, juillet-septembre 1986, p. 593-606.

« Modèles de développement », *L'état du Tiers Monde 1987,* La Découverte, Paris, p.267-274.

« Le Rapport sur le développement dans le monde de la Banque Mondiale : Limites du rééquilibrage idéologique », *Revue Tiers Monde*, XXIX, 116, octobre-décembre 1988, p.1223-1228.

« Controverse à propos de Guy Sorman, La nouvelle richesse des nations », *Economie et Humanisme*, 299, janvier-février 1988, p.59-60.

« The South : Global Challenges » in *The South Center Facing The Challenge. Responses to the Report of the South Commission,* Zed Books, London and New Jersey, 1988, p.67-74.

« L'ajustement structurel : quelles recherches ? », *Environnement Africain,* ENDA, Dakar, 25-25-27-28, 1989, p.358-364 (available also in English).

« Développement : il n'existe pas de modèle unique de développement qu'il suffirait d'imiter », *L'état du Tiers Monde 1989*, La Découverte, Paris, 1989, p.139-146.

« Serge Michaïlof : Les apprentis sorciers du développement », *Economie et Humanisme*, 303, septembre-octobre 1988, p.89-92.

« Le Tiers Monde en situation de dépendance perpétuelle ? », Symposium Science, technologie et développement, *Social Science Information*, 28, 2, juin 1989, Sage Publications, London, p.431-438.

« Synthèse du débat : les enjeux de la coopération », in S. MAPPA (dir.), *La CEE, chance ou contrainte pour la transformation sociale*, Forum de Delphes, l'Harmattan, Paris, 1989, p.155-163.

« Les impasses de l'économisme », in : Le Monde Diplomatique, *La paix des grands, l'espoir des pauvres. Développement, désarmement et survie de l'humanité*, La Découverte, le Monde, Paris, 1989, p.185-191.

« Développement et ajustement en Afrique : quelles transformations de structures ? Observations sur deux rapports récents de la Banque mondiale et de la Commission Economique pour l'Afrique », *Genève-Afrique*, XXVIII, 1, 1990, p.137-146.

« Le bilan : pour une nouvelle réflexion politique internationale », in S. MAPPA (dir.), *Ambitions et illusions de la coopération Nord-Sud : Lomé IV*, Forum de Delphes et l'Harmattan, I990, p.371-382.

« Ajustement structurel ou développement transformateur de structures ? » in : H. GERARD (dir.), *Intégrer population et développement,* Chaire Quetelet 1990 (Louvain-la-Neuve), Academia et l'Harmattan, 1990, p.336-344.

« L'économie politique en Afrique, ou les profits d'une mystification », in A. SCHWARTZ (dir.), *Les faux prophètes de l'Afrique*, Presses Universitaires de Laval, Québec, 1990, p .179-194.

« La Banque mondiale exerce un contrôle croissant sur la conception des politiques de développement », in *Le nouvel Etat du monde. Bilan de la décennie 1980-1990,* la Découverte, 1990, p. 169-171.

« Lomé : quels enjeux politiques face au Sud ? » in : M. CAPRON (dir.), *Les relations avec le monde arabe et africain*, Forum du Tiers Monde, l'Harmattan, 1991, p.213-219.

« Lomé IV : quels enjeux politiques ? L'Europe et le Tiers Monde, *Archimède et Léonard*, AITEC hors-série n°6, hiver 90-91, p.93-58.

« Pour une coopération technique différente », in H. RYCKMANS (dir.), *La coopération au développement. Expériences et perspectives*, Cahiers du CIDEP (Louvain-la Neuve), n°11, septembre 1991, p.99-114

« Le Sud et les défis mondiaux : essai d'analyse critique du rapport de la Commission Sud », in S. MAPPA (dir.), *L'Europe des Douze et les autres : intégration ou auto-exclusion*, Forum de Delphes, Karthala, Paris, 1992, p.259-272.

« Les exigences de la croissance », in : *Quel contexte extérieur requiert la croissance des pays non industrialisés ?*, colloque des 6-7 novembre 1992, Université de Neuchatel, EDES, 1993 p.17-25.

« Pour un renouveau de l'étude sur le développement : introduction générale au débat », *Revue Tiers Monde*, XXXIV, 135, juillet-septembre 1993, p.687-701.

« Un repère : les politiques de développement », in F. GENDREAU et al. (dir.), *L'évaluation des programmes de population,* Universités des réseaux d'expression française, Journées scientifiques des réseaux démographiques, Bangui, 1993, p.25-35.

« Le bon samaritain a-t-il un avenir ? », M. D. PERROT (dir.), *Dérives humanitaires. Etat d'urgence et droit d'ingérence*, Nouveaux Cahiers de l'IUED, n°1, avril 1994, p. 101-103.

« Mondialisation, internationalisation, ingérence », in C. COMELIAU (dir.), *Ingérence économique. La mécanique de la soumission,* Nouveaux Cahiers de l'IUED, n°2, octobre 1994, p. 17-28.

« La Banque mondiale en question », in C. COMELIAU (dir.), *Ingérence économique. La mécanique de la soumission*, Nouveaux Cahiers de l'IUED, n°2, octobre 1994, p.131-142.

« Bibliographie : ONU, Rapport sur la situation sociale dans le monde 1993 ; ONU, Etude sur l'économie mondiale 1993 ; PNUD, Rapport sur le développement humain 1993 ; World Bank, Development Report 1993 », *Futuribles*, janvier 1994, p.88-99.

« Développement du développement durable ou blocages conceptuels ? », *Revue Tiers Monde,* XXXV, 137, mars 1994, p.61-76.

« Pour un développement social différent : recherche d'une méthode d'approche », Rapport d'un groupe de travail en vue de la conférence des Nations Unies sur le développement social, mars 1995, Copenhague, IUED, juillet 1994.

« Nations sans frontières ? », in F. SABELLI (dir.), *Ecologie contre nature. Développement et problèmes d'ingérence*, Nouveaux Cahiers de l'IUED, n°3, mars 1995, p.118-120.

« Au-delà de la gestion », in D. FINO (dir.), *Impasses et promesses. L'ambiguïté de la coopération au développement,* Nouveaux Cahiers de l'IUED, n°4, avril 1996, p.117-123.

« A la recherche de l'économie du développement : faiblesses structurelles de la théorie dominante », in C. COMELIAU (dir.), *L'économie à la recherche du développement. Crise d'une théorie, violence d'une pratique,* Nouveaux Cahiers de l'IUED, n°5, 1996, p.17-34.

« Théorie économique et survie des sociétés » (avec P. THUILLIER), in C. COMELIAU (dir.), *L'économie à la recherche du développement. Crise d'une théorie, violence d'une pratique,* Nouveaux Cahiers de l'IUED, n°5, 1996, p.201-208.

« Faut-il réguler l'économie mondiale ? », in S. PAQUEROT (dir.), *L'Etat aux orties*, Editions Economie sociale, Montreal, 1996, p.69-78.

« Les défis de la mondialisation », *Perspectives,* Revue trimestrielle d'Education comparée, UNESCO, 101, XXVII, n°1, mars 1997, p.27-32 (available also in English).

« Pour une économie au service de la liberté et du pluralisme », in J.C. LENOIR (dir.), *La tolérance ou la liberté. Les leçons de Voltaire et de Condorcet*, Actes du colloque de Genève 1996, Edition Complexe, 1997, p. 133-142.

« International Organisations, Economics and Development », in M. BERTRAND and D. WARNER (eds), *A New Charter for a Worldwide Organisation ?* , Kluwer Law International, The Hague, London, Boston, 1997, p.225-235.

"Mais que font les économistes ?", in F. SABELLI et Y. PREISWERK (dir.), *Pratiques de la dissidence économique. Réseaux rebelles et créativité sociale,* Nouveaux Cahiers de l'IUED, n°7, juin 1998, p.101-110.

« Nouveaux enjeux du développement », *Economies et sociétés,* Développement, croissance, progrès, série F, n°36, 1, 1998, p.17-28.

« Les abstractions de l'économie globale », in *Les silences pudiques de l'économie. Economie et rapports sociaux entre hommes et femmes,* textes réunis par Y. PREISWERK, IUED-DDC-UNESCO, 1998, p.55-62.

« Planifier le développement a-t-il encore un sens ? » in M. LORIAUX, *Population et développement, une approche globale et systémique*, CIDEP (Louvain-la-Neuve, 1998, p .527-534.

« Développement, politiques publiques, planification » in « Le développement, qu'est-ce ? L'apport de Celso Furtado », *Cahiers du Brésil contemporain*, n°33-34, 1998, p. 141-148.

« L'Etat subordonné », in M. HUFTY (dir.), *La pensée comptable. Etat, néolibéralisme, nouvelle gestion publique*, Nouveaux Cahiers de l'IUED, n°8, décembre 1998, p.41-56.

« Un défi économique sans précédent », in F. DEBUYST, P. DEFOURNY et H. GERARD (dir.), *Savoirs et jeux d'acteurs pour des développements durables,* Population et développement,n°9, (Louvain-la-Neuve), Academia-Bruylant, 1999.

« The Development Debate : Beyond the Washington Consensus", *International Social Sciences Journal,* Unesco, n°166, December 2000, p. 457-465.

"Pauvreté : une lutte sans espoir ?" in *De la difficulté d'éliminer la pauvreté dans le monde*, Ecrits sur le développement, DDC (Berne), mai 2000, p.74-75.

« Privilégier la lutte contre les inégalités », in La nouvelle question Nord-Sud, *Esprit*, 264, juin 2000, p.128-140.

« Une autre connaissance », in J.P. JACOB (dir.), *Sciences sociales et coopération en Afrique : les rendez-vous manqués*, Nouveaux Cahiers de l'IUED, n°10, septembre 2000, p. 171-174.

« Approche économique de la santé : marchandisation ou rationalisation ? », in J.D. RAINHORN et M.J. BURNIER (dir.), *La santé au risque du marché : incertitudes à l'aube du XXIème siécle,* Nouveaux Cahiers de l'IUED, n°11, avril2001, p.111-122.

« Transition et développement : les risques de myopie », in A. NOVEMBER (dir.), *Du socialisme à l'économie de marché : errance de la transition*, Nouveaux Cahiers de l'IUED, n°12, octobre 2001, p.

« Les économistes au pied du mur » in G. RIST (dir.), *Les mots du pouvoir. Sens et non sens de la rhétorique internationale*, Nouveaux Cahiers de l'IUED, n°13, mars 2002, p.165-172.

« Culture, économie et marché », in *La culture de l'économie*, Rencontre internationale de Carthage 2001, Beït al Hikma, Carthage, 2002, p.19-34.

« La Banque mondiale contribue-t-elle aux solutions ou aux problèmes ? » in E. BERG et al. ; (eds), *Partenaires en Afrique : quelle coopération pour quel développement ?* DDC (Berne), mai 2002, p.202-221.

« Le labyrinthe des alternatives : y a-t-il des issues ? Notes préliminaires de méthode », in C. COMELIAU (dir.), *Brouillons pour l'avenir. Contributions au débat sur les alternatives,* Nouveaux Cahiers de l'IUED, n° 14, juin 2003, p. 27-40.

« Controverse sur l'après-développement », in C. COMELIAU (dir.), *Brouillons pour l'avenir. Contributions au débat sur les alternatives,* Nouveaux Cahiers de l'IUED, n°14, juin 2003, p.117-122.

« Le marché comme culture : questions et paradoxes », in S. MAPPA (dir.), *La coopération internationale face au libéralisme*, Forum de Delphes, Karthala, Paris, 2003, p.279-299.

« L'Occident face au terrorisme : l'introuvable politique à long terme », *Lettre du Forum de Delphes*, Paris, mars-avril 2004, p.4-5.

« Imaginaire et économie », in *Le réel et l'imaginaire dans la politique, l'art et les sciences,* 8ème rencontre internationale de Carthage, Beit al Hikma, Carthage, 18 mars 2004, p.411-422.

« Rethinking Debt and Financial Management », in *A New Approach to Debt Management,* UNITAR, Training Program in the Legal Aspects of Debt and Financial Management, Doc. n°21, Geneva, January 2005, p.7-13.

“Croissance : mesure ou démesure ?”, in E. BERR et J.M. HARRIBEY (dir.), *Le développement en question(s),* Presses Universitaires de Bordeaux, 2006, p.55-77.

« L’Inde en croissance rapide : promesses et menaces », *Lettre du Forum de Delphes*, Paris, n°71, septembre-octobre 2007, p.6-7.

« Postface », in A. DORMEIER-FRERE, P. PLAGNAT, V. NEUMANN (dir.), *Jeux de gouvernance. Regards et réflexions sur un concept*, IUED, Karthala, 2007, p.231-238.

« Les dimensions politiques et sociales dans l’analyse économique du développement », in « Itinéraires de chercheurs », *Revue Tiers Monde,* n°191, juillet-septembre 2007, p.517-529.

« Perspectivas de progreso en un mundo globalisado : la busqueda de nuevos fundamentos », in « Impensar el desarrollo », *Critica en Desarrollo*, n°91, 2008, p.16-35.

« Pour une éthique du développement mondialisé », in S. LEYENS et Alexandra de HEERING, *Stratégies de développement durable : développement, environnement, ou justice sociale ?,* Presses Universitaires de Namur, 2010, p. 115-137.

« Segurança alimentar e segurança enrgetica : opcoes politicas e opcoes economicas », in *Cadernas de Disenvolvimento*, Centro Celso Furtado de Politicas para o Disenvolvimento, maio 2011, ano 6, n°8.

« Resituer l'économie dans la société », *Le Banquet,* Revue politique du CERAP, Paris, mars 2011, n°28, p.99-111.

« Relativisme culturel ou universitaire ? Projets de développement et économie globale », in M. REMON (dir.), *Le médecin qui soignait les postes de radio. Essai sur l'ethnocentrisme critique de Michael Singleton,* Presses Universitaires de Namur, 2013, op. 103-112.

« Thèses interdisciplinaires : amateurisme ou exigence fondamentale ? », in M. HUNSMANN et S. KAPP (dir.), *Devenir chercheur. Ecrire une thèse en sciences sociales,* Editions EHESS, Paris, 2013, p. 81-86.

« Towards A New Development Planning. The Preeminence of Political Choices", in F. MANCEBO and I. SACHS (dir.), *Transition in Sustainability,* Springer, Heidelberg, New-York and London, 2015, p.19-38.

4 – Recensions critiques d'ouvrages pour « La Quinzaine Littéraire » (Paris, 2005-2015)

« La démocratie des autres » (Amartya SEN, *La démocratie des autres***,** trad. de l'anglais, Payot), Q.L n°894, 16-28 février 2005.

« L'avenir du capitalisme » (Bruno AMABLE, *Les cinq capitalismes. Diversité des systèmes économiques et sociaux dans la mondialisation,* Seuil), Q.L. n°900, 16-31 mai 2005.

« Politiques économiques : y a-t-il des alternatives ? » (LIEM HOANG-NGOC, *Refermons la parenthèse libérale,* La Dispute), Q.L. n°906, 1-15 septembre 2005.

« Politique économique et rationalité collective » (Amartya SEN, *Rationalité et Liberté en économie,* trad. de l'angl., Odile Jacob), Q.L. n°914, 1-15 janvier 2006.

« Où va la globalisation ? », (John SAUL, *Mort de la globalisation*, trad. de l'angl., Payot), Q.L. n° 921, 16-30 avril 2006.

« Que faire de nos classiques ? » (Christian LAVAL, *L'homme économique. Essai sur les racines du néo-libéralisme,* Gallimard), Q .L. n°946, 16-31 mai 2007.

« Le commerce international illustré : les réalités ne sont pas toujours conformes aux théories » (Pietra RIVOLI, *Les aventures d'un tee-shirt dans l'économie mondialisée*, trad. de l'angl.), Q.L. n°950, 16-31 juillet 2007.

« Civilisations en convergence ? » (Youssef GOURBAGE et Emmanuel TODD, *Le rendez-vous des civilisations*, Seuil), Q.L. n°958, décembre 2007.

« Y a-t-il un monde après l'économie de marché ? » (Karl POLANYI, *Essais,* trad. franç., Seuil), Q.L. n°970, 1-15 juin 2008.

« Fin de l'Occident ? » (Ian MORRIS, *Pourquoi l'Occident domine le monde... pour l'instant. Les modèles du passé et ce qu'ils révèlent sur l'avenir,* trad. franç., L'Arche), Q.L. 1-15 février 2012.

« Réflexion sur l'économie des Etats-Unis » (Philip GOLUB, *Une autre histoire de la puissance américaine*, trad. franç., Seuil,), Q.L.n1055, 16-29 février 2012.

« « L'économie a-t-elle un avenir ? » (Jean-Pierre DUPUY, *L'avenir de l'économie. Sortir de l'économosatisfaction*, Flammarion), Q.L.n°1058, 1-15 avril 2012.

« Faut-il constituer des archives de l'économie politique du socialisme ? » (Ernesto CHE GUAVARA, *Notes critiques d'économie politique*, trad. de l'esp., Mille et Une Nuits), Q.L. n°1067, 1-15 septembre 2012.

« Crise de l'économie, crise des économistes » (Paul KRUGMAN, *Sortez-nous de cette crise... maintenant,* trad. de l'angl., Flammarion), Q.L. n°1069, 1-15 octobre 2012.

« Crise économique, inégalités, idéologie » (Joseph STIGLITZ, *Le prix de l'inégalité*, trad. de l'amér., Les liens qui libèrent), Q.L. n°1072, 16-30 novembre 2012.

« Misère de la pensée économique : quelle synthèse nouvelle ? » (Paul JORION, *Misère de la pensée économique,* Fayard), Q.L.n°1073, 1-15 décembre 2012.

« La tragédie congolaise : histoire, aliénation, violence » (David Van REYBROUCK, *Congo. Une histoire*, trad. du néérl.), Q.L. n°1074, 16-31 décembre 2012.

« La religion instrumentalisée » (Georges CORM, *Pour une lecture profane des conflits. Sur le « retour du religieux » dans les conflits contemporains du Moyen-Orient*, La Découverte), Q.L. n°1077, 1-15 février 2013.

« Comment penser l'économie ? » (Paul JORION et Bruno COLMANT, *Penser l'économie autrement,* Fayard), N.Q.L. n° 1115, 15-30 novembre 2014.

« Refonder l'économie » (James GALBRAITH, *La grande crise. Comment en sortir autrement*, trad. de l'améric., Seuil), N.Q.L. n°1123, 15-30 mars 2014.

« De la science à l'idéologie », (Steve KEEN, *L'imposture économique*, trad. de l'angl., l'Atelier), N.Q.L. n°1125, 15-30 avril 2014.

« Capitalisme et crise » (Wolfgang STREECK, *Du temps acheté. La crise sans cesse ajournée du capitalisme démocratique,* trad. de l'allem., Gallimard ; David GRAEBER, *Des fins du capitalisme. Possibilités I : Hiérarchie, rébellion, désir*, trad. de l'angl., Payot), N.Q.L, n°1119, 15-30 janvier 2015.

« Les catastrophes écologiques sont-elles encore évitables ? » (Pablo SERVIGNE et Raphaël STEVENS, *Comment tout peut s'effondrer. Petit manuel de collapsologie à l'usage des générations présentes*, Seuil), N.Q.L. n° 1132, 15-30 juillet 2015.

« Le cri d'alarme du Pape François » (Pape FRANCOIS, *Loué sois-tu (Laudato si). Lettre encyclique sur la sauvegarde de la maison commune*, Ed. Emmanuel / Ed. Quasar), N.Q.L. n°1136, 1-15 octobre 2015.

Table des matières

DEUXIEME PARTIE
ELEMENTS DE REFLEXION
ET D'ACTION POUR L'AVENIR

L'HARMATTAN ITALIA
Via Degli Artisti 15; 10124 Torino
harmattan.italia@gmail.com

L'HARMATTAN HONGRIE
Könyvesbolt ; Kossuth L. u. 14-16
1053 Budapest

L'HARMATTAN KINSHASA
185, avenue Nyangwe
Commune de Lingwala
Kinshasa, R.D. Congo
(00243) 998697603 ou (00243) 999229662

L'HARMATTAN CONGO
67, av. E. P. Lumumba
Bât. – Congo Pharmacie (Bib. Nat.)
BP2874 Brazzaville
harmattan.congo@yahoo.fr

L'HARMATTAN GUINÉE
Almamya Rue KA 028, en face
du restaurant Le Cèdre
OKB agency BP 3470 Conakry
(00224) 657 20 85 08 / 664 28 91 96
harmattanguinee@yahoo.fr

L'HARMATTAN MALI
Rue 73, Porte 536, Niamakoro,
Cité Unicef, Bamako
Tél. 00 (223) 20205724 / +(223) 76378082
poudiougopaul@yahoo.fr
pp.harmattan@gmail.com

L'HARMATTAN CAMEROUN
BP 11486
Face à la SNI, immeuble Don Bosco
Yaoundé
(00237) 99 76 61 66
harmattancam@yahoo.fr

L'HARMATTAN CÔTE D'IVOIRE
Résidence Karl / cité des arts
Abidjan-Cocody 03 BP 1588 Abidjan 03
(00225) 05 77 87 31
etien_nda@yahoo.fr

L'HARMATTAN BURKINA
Penou Achille Some
Ouagadougou
(+226) 70 26 88 27

L'HARMATTAN SÉNÉGAL
10 VDN en face Mermoz, après le pont de Fann
BP 45034 Dakar Fann
33 825 98 58 / 33 860 9858
senharmattan@gmail.com / senlibraire@gmail.com
www.harmattansenegal.com

L'HARMATTAN BÉNIN
ISOR-BENIN
01 BP 359 COTONOU-RP
Quartier Gbèdjromèdé,
Rue Agbélenco, Lot 1247 I
Tél : 00 229 21 32 53 79
christian_dablaka123@yahoo.fr

Achevé d'imprimer par Corlet Numérique - 14110 Condé-sur-Noireau
N° d'Imprimeur : 130805 - Dépôt légal : juillet 2016 - *Imprimé en France*

www.ingramcontent.com/pod-product-compliance
Lightning Source LLC
LaVergne TN
LVHW011314061026
849535LV00005B/1559
* 9 7 8 2 3 4 3 0 9 8 5 3 1 *